Le petit livre des chakras

Le petit livre des chakras

Cyndi Dale

Traduit de l'anglais par
Joana Gruda

ADA
ÉDITIONS

NOTE : Les renseignements publiés dans ce livre ne visent pas à poser des diagnostics, à traiter, à servir d'ordonnance ou à remplacer une consultation avec un professionnel de la santé.

Titre original anglais : Llewellyn's Little Book of Chakras

Éditeur : François Doucet
Traduction : Joana Gruda
Révision linguistique : Féminin pluriel
Correction d'épreuves : Nancy Coulombe et Féminin pluriel
Conception de la couverture : Catherine Belisle
Photo de la couverture : © Getty images
Mise en pages : Sébastien Michaud
ISBN papier 978-2-89786-414-9
ISBN PDF numérique 978-2-89786-415-6
ISBN ePub 978-2-89786-416-3
Première impression : 2018
Dépôt légal : 2018
Bibliothèque et Archives nationales du Québec
Bibliothèque et Archives nationales du Canada

Éditions AdA Inc.
1385, boul. Lionel-Boulet
Varennes (Québec) J3X 1P7, Canada
Téléphone : 450 929-0296
Télécopieur : 450 929-0220
www.ada-inc.com
info@ada-inc.com

Diffusion

Canada :	Éditions AdA Inc.
France :	D.G. Diffusion Z.I. des Bogues 31750 Escalquens — France Téléphone : 05.61.00.09.99
Suisse :	Transat — 23.42.77.40
Belgique :	D.G. Diffusion — 05.61.00.09.99

Imprimé au Canada

Participation de la SODEC.
Nous reconnaissons l'aide financière du gouvernement du Canada par l'entremise du Fonds du livre du Canada (FLC) pour nos activités d'édition.
Gouvernement du Québec — Programme de crédit d'impôt pour l'édition de livres — Gestion SODEC.

Catalogage avant publication de Bibliothèque et Archives nationales du Québec et Bibliothèque et Archives Canada

Dale, Cyndi

[Llewellyn's little book of chakras. Français]
Le petit livre des chakras / Cyndi Dale; traduction, Joanna Gruda.
Traduction de : Llewellyn's little book of chakras.
ISBN 978-2-89786-414-9
1. Chakras. I. Titre. II. Titre : Llewellyn's little book of chakras. Français.

BF1442.C53D3414 2018 131 C2017-942652-4

Table des matières

Exercices

Conseils

Illustrations

INTRODUCTION

Les chakras, ces prismes de lumière

Quand j'étais petite, je voyais les couleurs. Évidemment, chaque enfant voit les couleurs — impossible de rater le rouge d'une pomme ou le vert des feuilles. La lune est blanche, le soleil est jaune, et tout le monde préfère les jeans en denim bleu. Je voyais toutefois d'autres couleurs que les gens ne remarquaient pas.

Je savais que ma mère était de bonne humeur quand il y avait une brume rose autour d'elle. Quand mon père était joyeux, il y avait une couleur jaune qui émanait de la région de son ventre. Quand mes parents s'entendaient bien, du vert rayonnait de leur cœur. Quand ils étaient fâchés l'un contre l'autre, je me cachais dans ma chambre. Les éclairs rouges en dents de scie qui fusaient de l'un à l'autre m'avertissaient que ça n'allait pas.

En grandissant, j'ai été surprise de découvrir que les autres ne percevaient pas le monde avec les mêmes teintes que moi. J'ai appris à ignorer mes perceptions bizarres, mais elles n'ont jamais disparu. Et je continuais à me demander d'où venaient ces tournoiements et tourbillonnements de différentes teintes et nuances, ainsi que les sons, sensations et renseignements qui les accompagnaient souvent et qui ne semblaient pas perceptibles aux autres.

Pourquoi certaines parties de mon corps semblaient-elles émettre des bourdonnements dans des tonalités particulières ? Pourquoi mes mains devenaient-elles chaudes quand je me trouvais devant quelqu'un de malade ? Pourquoi mon grand-père m'apparaissait-il en rêve la nuit précédant ses appels ? On ne parlait pas d'anomalies de ce genre à l'école ni à l'église. Ma famille était de tradition luthérienne norvégienne. On ne pensait pas, on ne coloriait pas hors des lignes.

Ce n'est que dans la vingtaine, lorsque j'ai suivi mon premier cours de guérison énergétique, que j'en ai appris davantage sur ces prismes extrasensoriels de lumière, de son et d'information. Mon monde a été bouleversé quand le professeur a parlé des chakras.

Le mot « chakra » signifie « roue » ou « disque », en sanskrit. Dans cette vieille langue, on écrivait *cakra*. Le professeur nous a expliqué que les chakras étaient considérés comme un phénomène normal dans de nombreuses cultures, dont celles des Mayas, des Aztèques, des Hopis, des Cherokees, des Celtes, des Égyptiens, des Zoulous, des Soufis, des Tibétains, des Chinois ainsi que celle que nous allons étudier dans ce livre : la culture hindoue.

Chacune de ces cultures estime qu'il existe des organes d'énergie subtile, appelés aussi « centres » ou « corps ». « Subtil » signifie que cela fonctionne au-delà, mais aussi au travers, de la physicalité, et c'est exactement ce que font les chakras en gérant à la fois le physique, le psychologique et le spirituel.

Mon premier professeur enseignait le système classique hindou de chakras qui est composé de sept centres ancrés dans la colonne vertébrale et reliés à une glande endocrine. Une énergie unique, appelée *kundalini,* active ces centres pour régler les questions, problèmes et émotions qui s'y cachent, tout en éveillant les pouvoirs spirituels et mettant en branle une cascade d'événements profondément transformateurs.

Mon enseignant nous expliquait que même s'ils sont ancrés dans le corps, ces chakras sont aussi interdimensionnels. Grâce à leur forme qui ressemble à un tourbillon, les chakras peuvent être en lien avec différents plans de réalité. Chaque chakra est unique parce que chacun possède sa propre bande de fréquence vibratoire.

C'est alors que j'ai eu un éclair de compréhension : le professeur nous a dit que chaque bande de fréquence — ou chakra — peut être reliée à une tonalité, à un élément, à une forme ou à une autre caractéristique, comme la couleur.

La couleur ! *Maintenant,* je comprenais pourquoi du vert émanait des cœurs de mes parents quand ils s'entendaient bien. Le vert est la couleur du quatrième chakra, qui se trouve au niveau du cœur et qui est lié à l'amour. Le fait que leurs échanges acrimonieux étaient constitués d'éclairs rouges était tout aussi logique. Le premier chakra a un spectre vibratoire qui correspond au rouge et il représente la passion, la sécurité et les émotions, telles que la colère. Les couleurs extrasensorielles que j'avais toujours perçues, ainsi que les sensations et intuitions qui les accompagnaient, n'étaient pas fortuites ; elles étaient liées aux chakras.

Avant même d'avoir terminé mon premier cours, j'étais amoureuse des chakras. Les chakras m'ont décrite à moi-même, mais ils ont aussi éclairé la réalité. En plus d'illustrer un être humain (et les autres êtres vivants), les chakras nous donnent aussi accès à la divinité intérieure que nous cherchons tous à atteindre.

Depuis que j'ai découvert ces merveilleux corps subtils, j'ai continué à étudier avec passion les chakras et les notions qui y sont associées lors de voyages en Asie, en Afrique du Nord, en Europe et dans les trois Amériques. J'ai plongé le nez dans des enseignements anciens, des textes sacrés de différentes cultures, et même dans des manuels et des études scientifiques, cherchant toujours à expliquer davantage, à moi et aux autres, ces prismes de vie. Ces connaissances et concepts acquis au cours de plusieurs décennies m'ont permis d'aider près de 60 000 personnes à améliorer leur vie.

Vous pouvez sans doute imaginer combien je suis emballée à l'idée de présenter ce livre sur les chakras dans la collection de petits livres de Llewellyn qui explorent les merveilles et les mystères de notre monde. J'ai eu l'occasion de connaître l'incroyable pouvoir de ces corps énergétiques, et je veux que vous puissiez en faire autant.

Je prends consciemment contact avec mes chakras tous les jours. Je suis une personne occupée : mère, propriétaire de chien, femmes d'affaires, enseignante et auteure, et mes chakras me dynamisent et me permettent de tout faire en savourant la vie. Je m'en remets complètement à l'inspiration que ces organes subtils me transmettent et j'utilise les techniques expliquées dans la deuxième partie du livre pour rester en santé et heureuse, tout en gérant mon stress.

Dans mon travail de guérison intuitive et énergétique, j'utilise mes connaissances sur les chakras pour aider les gens à :

- mettre au jour les causes des difficultés et obstacles qu'ils rencontrent ;
- stimuler la guérison et le rétablissement d'une maladie, de blessures psychologiques, de comportements difficiles et d'autres défis physiques et mentaux ;
- libérer les émotions réprimées ;
- exprimer des sentiments sans effort et de manière productive ;
- transformer leur travail en une joyeuse vocation ;
- résoudre des problèmes liés aux finances et à la carrière ;
- apaiser le cœur et créer des relations fondées sur l'amour ;
- atteindre un état de paix et de bien-être stable ;
- s'harmoniser avec la guidance spirituelle.

Et savez-vous quoi ? Vous pouvez aussi avoir accès à tous les bienfaits énumérés dans cette liste — et plus encore. En bref, la connaissance des chakras peut vous aider à vivre votre rêve, plutôt que de le rêver.

Pour y arriver, je vous invite à une visite guidée du monde des chakras, en commençant par la première partie. Les chapitres y sont construits de manière à vous aider à répondre à la question fondamentale : « Que sont les chakras ? » À partir de ce début tout simple, vous découvrirez une profonde complexité, car les chakras ont de nombreuses facettes. C'est pourquoi il est si important de comprendre leurs fonctions de base, leur structure, leur histoire, leur typologie et d'avoir quelques explications scientifiques. Ce sont les principaux sujets traités dans la première partie.

Dans le chapitre 1, vous découvrirez que les chakras sont des organes subtils d'énergie qui influencent tous les plans d'un être : physique, psychologique et spirituel. Vous apprendrez également pourquoi ces roues d'énergie qui tournent, et qui ressemblent à des tourbillons, sont la clé pour atteindre votre plein potentiel.

On y définit ce qu'est l'énergie, puisque les chakras sont des organes foncièrement énergétiques. Comme ils sont composés d'une énergie subtile et non mesurable plutôt que physique et mesurable, ce sont des organes extrasensoriels. L'énergie subtile est à la base de toute forme de réalité physique, agissant comme un treillis sur lequel les énergies physiques s'organisent. Lorsqu'on altère les énergies subtiles, on change la réalité physique. Ainsi, en travaillant sur les chakras, il est possible de diriger et de guider son quotidien.

Dans le chapitre 1, vous aurez un aperçu des sept chakras corporels de base tels que présentés dans le système hindou classique (voir l'illustration 1). Dans le chapitre 2, vous découvrirez la structure des chakras que vous examinerez ensuite dans le contexte de leur « système familial », une famille d'énergie subtile composée de trois parties qui comprend des canaux et des champs énergétiques. Vous rencontrerez également la fameuse *kundalini,* cette étincelle divine qui active la transformation grâce à l'interaction des chakras.

Dans le chapitre 3, on entre plus en détail dans la description des chakras en donnant des éléments précis, incluant le nom en hindi, l'emplacement, la couleur, le son, le lien

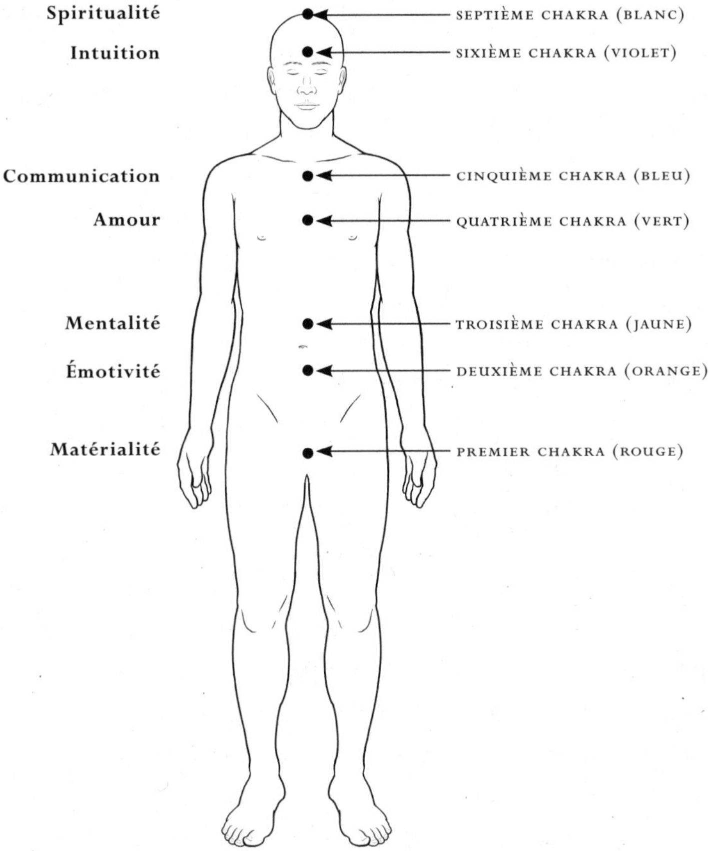

ILLUSTRATION 1 : *Les sept chakras du corps*

planétaire, l'archétype de chaque chakra, et plus encore. Il sera aussi question de ses effets physiques, psychologiques et spirituels.

Ensuite, mes chers passionnés des chakras, vous devrez retrousser vos manches ! La deuxième partie est pratique. Vous y découvrirez de nombreuses techniques qui vous permettront de profiter du travail avec les chakras. Dans le chapitre 4, vous apprendrez les principes de base des chakras et à les situer dans votre corps. Dans le chapitre 5, on présente des exercices pour examiner ses chakras et, dans le chapitre 6, on explique comment se purifier et se guérir par les chakras.

Le chapitre 7 aborde la réduction du stress par les chakras. Quel meilleur moyen y a-t-il de réduire le stress que de bien dormir ? C'est dans le chapitre 8 que nous aborderons le sommeil.

Il est évidemment impossible d'éliminer tous les facteurs de stress de notre vie ; on n'a pas de contrôle sur le reste du monde, seulement sur soi. Comme vous le découvrirez dans le chapitre 9, la gestion des chakras est une des meilleures façons de construire ses limites.

Lorsqu'on n'a pas de frontières subtiles, il est très facile de perdre son énergie en la laissant aller vers les autres ou d'absorber leurs émotions, leurs sensations, ou même leurs maladies.

Il y a aussi l'autre côté de la médaille : la manifestation. Si on simplifie les choses, pour guérir, il faut se libérer des énergies inutiles et nocives, tandis que pour manifester quelque chose, il faut attirer vers soi les énergies désirées ou utiles. Dans le chapitre 10, vous allez découvrir comment utiliser vos chakras pour attirer ce dont vous avez besoin. Et, pour conclure, dans le chapitre 11, on vous guidera vers un des plus beaux cadeaux que puisse recevoir un passionné des chakras : la clairvoyance spirituelle.

Vous sentez-vous prêt à entreprendre ce périple ? Il est juste là, à votre portée. À mesure que vous en apprendrez davantage sur ces prismes de joie qu'on appelle « chakras », n'oubliez pas que l'objectif supérieur, c'est de découvrir des choses sur vous. En allumant un peu plus votre lumière intérieure, vous éclairerez le monde entier.

Première partie

COMPRENDRE LES CHAKRAS

Une roue à la fois

Il n'est pas nécessaire de réinventer
la roue tous les jours.

— Chuck Close

Pensez à la quantité d'énergie que vous dépensez à vous fixer des objectifs et à travailler pour les atteindre. Il faut évidemment de la persévérance pour atteindre un rêve — ainsi qu'un peu de chance, diront certains. Mais peu de gens savent que les prismes d'énergie qui se trouvent en nous peuvent alléger notre lutte et nous mener plus vite à la réussite.

Ces prismes sont les chakras, ces organes subtils d'énergie. Le fait qu'ils soient subtils ne signifie pas qu'ils sont faibles ; en fait, les énergies subtiles dirigent et peuvent même transformer les énergies physiques. Vous découvrirez que les chakras, qui ressemblent à des tourbillons de lumière ou à des roues, sont conçus pour vous aider à mieux diriger votre vie.

Dans la deuxième partie, vous apprendrez des techniques qui vous permettront de manœuvrer ces « roues directrices » de façon consciente. Pour y arriver, toutefois, il vous faut d'abord comprendre ce que sont les chakras, leur fonctionnement et leurs tâches. Vous découvrirez ces renseignements dans les chapitres de la première partie.

Dans les chapitres 1 et 2 de la première partie, vous découvrirez les fonctions de base et la structure des chakras et de leurs proches parents, les autres systèmes subtils avec lesquels ils sont en interaction. Vous apprendrez comment les chakras régissent les problèmes d'ordre physique, psychologique et spirituel et comment on peut les expliquer d'un point de vue scientifique. Vous finirez par connaître à fond le système hindou classique, avec ses sept chakras corporels (voir l'illustration 1). La connaissance de ces chakras vous permettra de vivre les transformations expliquées dans la deuxième partie.

Quand vous vous sentirez prêt à interagir avec ces merveilleux prismes de lumière, vous aurez compris que vous n'avez pas à réinventer votre vie pour atteindre tous vos objectifs, car vous avez accès depuis toujours à ces roues directrices que sont les chakras – ainsi qu'à une petite touche de bonne fortune.

Chapitre 1

QU'EST-CE QU'UN CHAKRA ?

Nos ancêtres ne cessaient d'examiner le corps humain afin de comprendre les mystères de la vie. Imaginez quelle a été leur surprise quand ils ont aperçu des roues tournoyantes de lumière et d'énergie qui émanaient à l'avant et à l'arrière du corps. Cela ressemblait aux spirales qu'ils voyaient dans les mouvements des eaux et de l'air ainsi que dans les tempêtes de poussière et les orages. Ils remarquaient aussi ce genre de forme dans la courbe d'une conque et l'ondulation des étoiles. Ils en ont conclu que ces tourbillons transmettaient à l'être humain quelque chose d'ineffable, de dynamique et d'immortel… et ils avaient raison.

Quand vous vous regardez dans le miroir, vous ne voyez pas de tourbillons. Le livre de biologie que vous avez étudié au secondaire n'en parlait assurément pas. Et il n'est pas nécessaire de laisser votre veste déboutonnée pour laisser passer ces tourbillons d'énergie. Cependant, ils existent bel et bien, et c'est une chance !

On appelle « chakras » ces vortex de votre corps, et vous allez découvrir dans ce chapitre ce qu'ils sont, comment ils fonctionnent et pourquoi il est important de les comprendre. On vous présentera aussi le système de chakras le plus populaire, le système classique hindou avec ses sept chakras corporels. C'est grâce à ces sept centres que vous êtes un être interdimensionnel et vibrant de vie. En plongeant dans la mystique de ces corps énergétiques invisibles, mais réels, sachez que vous êtes en train de découvrir des choses sur votre corps, votre esprit et votre âme, car c'est dans les chakras que ces trois aspects se trouvent unifiés.

Les chakras
Vos organes d'énergie subtile

Il est fréquent de voir des choses de la nature être reproduites dans le corps. Les tourbillons que l'on voit dans le bain qui se vide, les rivières sauvages et les feuilles qui tournoient existent aussi dans votre corps. Ces chakras sont des corps d'énergie subtile qui régissent tous les aspects de votre vie.

De prime abord, les chakras sont semblables à des organes physiques. Comme votre foie ou votre cœur, chaque organe chakrique se trouve à un endroit précis et possède une fonction spécifique. Comme vos organes physiques, les chakras interagissent les uns avec les autres de manière à assurer une bonne santé. Comme c'est le cas pour vos organes physiques, il suffit qu'un seul chakra fonctionne mal pour que tout votre système s'effondre. Mais contrairement à votre foie ou à votre cœur, les chakras offrent un service complet, car ils s'occupent des aspects psychologique et spirituel, en plus du côté physique.

Si vous souffrez, par exemple, d'une hépatite C (une maladie chronique du foie), un médecin qui ne travaille que sur le plan physique vous prescrira sans doute des médicaments. En travaillant à partir des chakras, vous pourrez comprendre quels sont les problèmes émotifs qui affectent votre état, adopter une attitude favorisant la guérison, stimuler les effets positifs du traitement médical (en diminuant peut-être les effets secondaires), et entrer en contact avec votre guidance spirituelle. Un chakra peut faire tout ceci parce qu'il est composé d'énergie subtile et non physique.

Tout est composé d'énergie. L'énergie, c'est tout simplement de l'information qui vibre et qui bouge. Il existe deux principales catégories d'énergie : les énergies physiques et les énergies subtiles, qui sont respectivement mesurables et non mesurables. La différence entre ces deux types d'énergies est ce qui constitue la distinction entre les organes corporels et les chakras. Parce que les chakras sont des organes subtils, et non physiques, ils peuvent accomplir tout cela :

- s'occuper d'une partie du corps, comme un plexus nerveux ou une glande endocrine ;
- réguler les éléments physiques, ce qui crée des interactions saines avec la nature ;
- déterminer votre vulnérabilité et votre résistance à toutes sortes de maladies et d'affections, de dépendances, d'allergies, de traumatismes, ainsi que votre capacité à en guérir ;
- gérer des problèmes d'ordre émotif et mental ;
- créer des constructions psychologiques qui favorisent la réussite au travail et dans les relations ;

- diriger les habiletés psychiques et intuitives ;
- recevoir des messages du monde et les interpréter ;
- partager des messages avec le monde, influençant la façon dont les gens y répondent ;
- emmagasiner les souvenirs pour les récupérer lorsque nécessaire ;
- alimenter un aspect de votre identité spirituelle.

Ces exploits herculéens sont possibles parce que l'énergie subtile soutient, influence et modifie l'énergie physique et peut même se transformer en elle. Nous allons nous pencher sur la relation particulière qui existe entre les énergies subtile et physique un peu plus loin dans ce chapitre. Cependant, vous comprendrez mieux cette information lorsque vous connaîtrez mieux les chakras et leurs incroyables pouvoirs. Pendant que vous allez à leur rencontre, n'oubliez pas qu'eux vous ont déjà rencontré. En fait, ils vous permettent depuis longtemps de créer ce que vous êtes.

Les sept chakras corporels
Une structure pour votre corps, votre esprit et votre âme

La plupart des Occidentaux connaissent l'existence des sept chakras corporels dont on parle dans le modèle hindou classique ou traditionnel. Selon celui-ci, les chakras permettent de se libérer des ancrages corporels afin d'atteindre l'unicité avec Dieu ou le Divin, qu'on appelle « Brahma », en hindi. Autrement dit, les chakras nous extraient de la réalité physique pour nous emmener plus près de la réalité céleste.

Il existe de nombreux systèmes de chakras. Certains parlent de l'existence de dizaines de chakras ; d'autres en mentionnent que quelques-uns. Il y en a qui séparent les chakras en catégories ; ils sont soit dans le corps, soit hors du corps, ils sont soit majeurs, soit mineurs. Une des raisons pour laquelle le système classique hindou est aussi populaire, c'est que la majorité de nos connaissances sur les chakras proviennent des textes védiques, les textes sacrés les plus vénérés de l'hindouisme.

D'ailleurs, le terme « chakra » est apparu pour la première fois dans des textes védiques, qui sont les plus vieux textes sacrés connus. Les quatre canons védiques originaux sont apparus dans la vallée de l'Indus, une plaine inondable inhabitée sur les rives du fleuve Indus. Cette région se trouve aujourd'hui séparée entre l'Afghanistan, le Pakistan et le nord-ouest de l'Inde. Ces textes, qui contiennent de l'information qui remonte à au moins 8000 ans, ont inspiré des centaines d'autres textes, le tout formant aujourd'hui l'épine dorsale de l'univers indien oriental et constituant une bonne partie de nos connaissances sur les chakras. Des textes sacrés védiques et non védiques ont aussi engendré une vision des chakras liée au tantrisme (un ensemble de philosophies et de pratiques qui mènent à l'illumination) et au yoga (des pratiques qui incluent des exercices de respiration, de la méditation et l'exécution de postures).

Il peut sembler paradoxal, étant donné notre vision moderne des chakras comme étant des corps spirituels, de savoir que le mot *cakra* faisait au départ référence à une jante de charrette, à des roues de char, à un disque ou à un procédé d'irrigation avec une roue de fer ; il symbolisait aussi le dynamisme (*Encyclopaedia Britannica*). Dans la littérature postérieure, les chakras ont commencé à prendre forme et ont fini par apparaître comme des corps subtils qui étincellent comme des membres d'une famille royale dans l'anatomie complexe de l'énergie subtile décrite au chapitre suivant. Au fil du temps, les chakras sont devenus un élément de base de nombreuses religions, comme le bouddhisme, le sikhisme et le taoïsme, et ont été incorporés dans des milliers de pratiques liées à la santé et à la spiritualité, parmi lesquelles le yoga, le qigong, le tai chi, la méditation, les arts martiaux. Plusieurs de ces approches, aussi différentes soient-elles, incluent les sept chakras de base (ou une version de ceux-ci), puisqu'ils sont les plus accessibles et dominants.

Appelés aussi « centres », « points », « corps » et « nœuds », les sept chakras corporels servent les trois principaux aspects d'un être. La plupart des gens sont conscients d'avoir – ou d'être – un corps, un esprit et une âme. Le corps est le Moi physique. L'esprit est l'expression des sentiments et pensées, qui créent à leur tour les émotions et croyances. Et l'âme est notre aspect intemporel qui cherche à comprendre le Moi, la réalité et le Divin par des expériences. Voici comment les chakras gèrent les fonctions de ces trois parties qui nous constituent :

PHYSIQUEMENT (AU SERVICE DU CORPS) : Sur le plan physique, tous les chakras corporels sont fixés dans un plexus nerveux, un embranchement constitué de nerfs et de vaisseaux sanguins qui s'entrecroisent ; ils sont connectés à une glande endocrine qui sécrète des hormones ; et ils régissent une région du corps. Cela signifie que chaque chakra est responsable d'un ensemble de conditions physiques.

Psychologiquement (au service de l'esprit) : Chaque chakra gère divers sentiments et pensées. Ensemble, ils forment la base des émotions et des croyances. Certaines émotions et croyances sont positives et nous poussent vers la bonté et le succès. D'autres sont destructrices ou neutres, au mieux. Ces dernières nous enferment dans des constructions psychologiques répressives, dépressives ou qui engendrent de l'anxiété. Les chakras peuvent élaborer divers types de constructions, qui, à leur tour, affecteront notre attitude, nos activités et nos relations.

Spirituellement (au service de l'âme) : Chaque chakra contribue à notre bien-être spirituel et à notre façon d'exprimer notre divinité dans le monde. Ainsi, différents dons psychiques ou intuitifs sont liés à chaque chakra. Cela nous permet d'être guidés, d'affiner notre conscience et de partager la lumière qui est en nous.

Comment les fonctions des chakras interagissent-elles ? Je vous offre ici un exemple tiré de ma vie.

Il y a quelques années, j'étais une mère célibataire et je vivais avec mes trois enfants et cinq animaux. Il m'était impossible de travailler, de promener les chiens, de désherber le jardin, de préparer une variété de mets pour satisfaire les besoins de mes enfants de différents âges et aux goûts divers. J'ai donc décidé de travailler avec mes chakras.

Comme vous le découvrirez bientôt, chaque chakra gère un type particulier de problèmes. Sentant que j'avais besoin que des gens m'aident, je me suis concentrée sur mon quatrième chakra, qui est responsable des relations. Je me suis couchée et j'ai médité en mettant mon attention sur la région du cœur, là où se trouve ce chakra, jusqu'à ce que je m'endorme. Dans la deuxième partie, vous apprendrez différentes techniques qui vous aideront à vous concentrer sur un chakra en particulier.

J'ai fait un rêve où un ange m'apparaissait et pointait du doigt la région de mon cœur. Il y avait une armure tout autour. J'ai tout de suite compris que je bloquais toute forme d'assistance. Et je savais pourquoi. Mon père avait grandi pendant la Grande Dépression et il n'arrêtait pas de nous sermonner, mes sœurs et moi, à cause de cela.

« Refusez toujours la charité, insistait-il. Si vous pouvez faire quelque chose vous-même, faites-le. »

Quand il était petit, mon père avait été embarrassé de voir sa famille accepter de l'aide sociale pour arriver à joindre les deux bouts. Ce message semble avoir bloqué mon chakra des relations et m'avoir fait ressentir de la honte à l'idée d'accepter de l'aide. Mais c'en était fini de cette perception. Dans mon rêve, j'ai demandé à l'ange de défaire cette protection excessive qui ne m'était d'aucun secours.

Le lendemain, une amie m'a appelée. Je lui avais dit dernièrement que je me sentais dépassée et, pendant son cours de yoga, elle avait demandé aux membres du groupe s'il y en avait parmi eux qui avaient besoin d'un peu de travail supplémentaire. Quatre personnes avaient offert de m'aider à des prix très bas. Dès le lendemain, je me suis retrouvée avec une « équipe » de travailleurs.

Cette anecdote montre bien comment le fait de travailler avec un chakra peut nous aider dans la vie de tous les jours. Les trois rôles d'un chakra sont ici manifestes. D'un point de vue physique, des gens réels sont venus m'offrir leur aide.

D'un point de vue psychologique, l'interface de mon chakra m'a libérée d'une croyance inutile. Et, sur le plan spirituel, un ange m'a offert sa guidance. Mais comment les chakras peuvent-ils influencer ces trois plans simultanément ? Nous allons y jeter un coup d'œil.

Les chakras, ces vortex multitâches

Les chakras peuvent répondre à différents besoins parce que, comme je l'ai déjà expliqué, ils ressemblent à des tourbillons et fonctionnent comme des roues. Ce sont des vortex de lumière et de son, un espace où convergent le corps, l'esprit et l'âme. En fait, la façon la plus simple de prendre contact avec vos chakras, c'est de visualiser leurs tourbillons (voir l'illustration 2). Les six chakras du bas émanent des deux côtés du corps. Au sommet de la tête, un vortex unique émane du septième chakra (de la couronne) vers les cieux. (Même s'il n'y a qu'un seul tourbillon de dessiné, on considère généralement qu'il existe aussi une partie arrière de ce chakra qui remplit les fonctions dévolues au chakra postérieur, tel qu'expliqué dans le chapitre 2.)

L'exploration des chakras peut s'avérer très complexe, mais l'important, c'est de toujours revenir à leur danse en spirale qui leur confère des effets infinis. À mesure qu'ils tournoient, ces vortex chakriques deviennent de plus en plus larges et lient le monde physique avec les plans célestes de l'existence. En même temps, ils mettent vos différents aspects — corps, esprit et âme — en contact avec ces royaumes, continuant à tourner dans le sens horaire ou antihoraire ou, parfois, dans les deux sens à la fois.

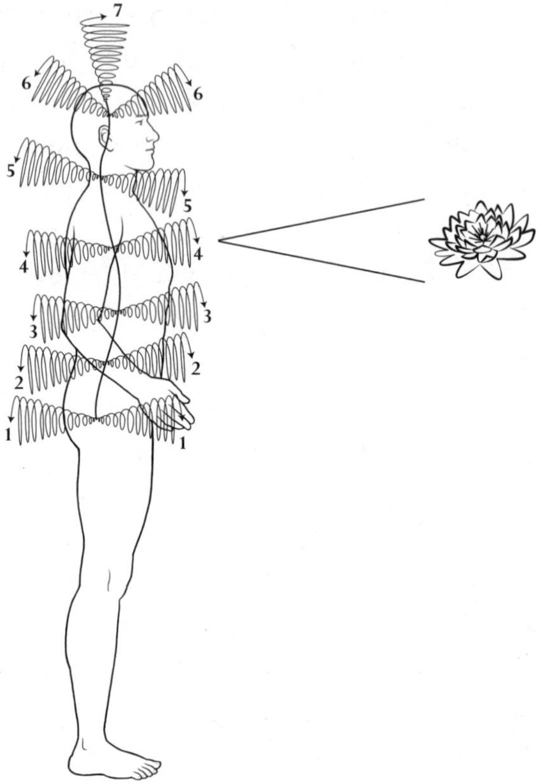

ILLUSTRATION 2 : *Les sept vortex des chakras*

Si vous pouviez appuyer sur le bouton « arrêt » de la télécommande de vos chakras, de manière à les immobiliser, vous verriez apparaître des fleurs de lotus aux pétales fuselés. C'est pourquoi on montre souvent les chakras sous forme de lotus. Le nombre de pétales est différent pour chaque chakra, en fonction de leur rotation et de leur fréquence, et chaque chakra a ses fonctions et ses qualités propres. Le plus important est toutefois que la portée de ces tourbillons permet d'entrevoir l'influence que les chakras ont sur votre vie. Savez-vous ce qui se passe lorsque ces spirales s'étendent d'un point de votre corps jusqu'aux confins des cieux ? Elles vous invitent à prendre de l'expansion vous aussi, des racines de votre corps jusqu'aux sommets spirituels les plus élevés.

Si les chakras peuvent avoir autant d'effets différents, c'est parce que chacun d'eux émet et fonctionne sur sa propre bande de fréquences vibratoires. Chaque bande d'énergie existe tant dans le monde physique que dans les royaumes subtils, et elles les relient. Un chakra interagit avec toutes les énergies qui correspondent aux fréquences de sa bande. Que la source de l'énergie externe émane d'une personne, d'un animal ou d'un livre, cela n'importe pas. Ce n'est qu'une affaire de concordance d'énergie.

On peut illustrer ces bandes d'énergie comme si elles traversaient le corps horizontalement, comme présenté dans l'illustration 3. En regardant l'image, remarquez bien les flèches. Elles reflètent comment les énergies qui correspondent aux vibrations d'un chakra entrent dans le chakra et le corps physiques, puis les traversent. Le chakra ajoute sa propre énergie pendant le processus.

Il existe différentes façons de décrire ces ondes horizontales, que ce soit par leur couleur, leur son, leur forme, leur archétype ou d'autres symboles. De plus, chaque chakra est lié à un plexus nerveux, à une glande endocrine, à une planète, à un dieu, à une déesse, à un don intuitif, etc. Comme précisé plus tôt, chaque chakra est aussi responsable d'un ensemble de fonctions physiques, psychologiques et

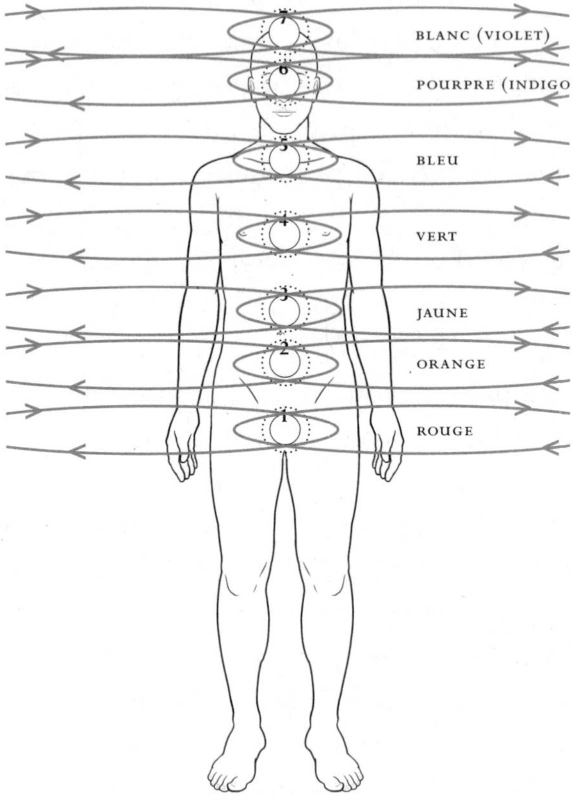

ILLUSTRATION 3 : *Les bandes vibratoires des chakras*

spirituelles. De plus, la signification ou l'objectif de chaque chakra peuvent aussi être résumés en un mot. Par exemple, peu importe ce qu'il est en train de faire, le premier chakra a toujours une influence sur votre état physique. « Physicalité » est donc un bon mot pour condenser l'objectif global de ce chakra.

C'est dans le chapitre 3 que vous verrez les particularités de chaque chakra, y compris son nom en hindi. Pour l'instant, vous pouvez consulter les descriptions des chakras qui suivent, présentées en ordre numérique :

CHAKRA	EMPLACEMENT	COULEUR	OBJECTIF
PREMIER	HANCHES	ROUGE	PHYSICALITÉ
DEUXIÈME	ABDOMEN	ORANGE	ÉMOTIVITÉ
TROISIÈME	PLEXUS SOLAIRE	JAUNE	MENTALITÉ
QUATRIÈME	CŒUR	VERT	AMOUR
CINQUIÈME	THYROÏDE	BLEU	COMMUNICATION
SIXIÈME	FRONT	VIOLET	INTUITION
SEPTIÈME	SOMMET DE LA TÊTE	BLANC	SPIRITUALITÉ

Vous pouvez observer que les couleurs vont du rouge jusqu'au blanc. Les couleurs entre ces deux pôles brillent comme des évadées de la boîte à crayons : orange, jaune, vert, bleu et pourpre. Chacune de ces couleurs reflète la bande horizontale de couleur qui se situe sur ce chakra et s'exprime à partir de lui. Il existe toutefois d'autres systèmes de chakras qui possèdent des couleurs différentes.

Dans un système différent, mais tout aussi populaire, le sixième chakra est indigo, c'est-à-dire d'un profond bleu foncé, et le septième chakra est pourpre ou violet. Le bleu est associé à la spiritualité dans de nombreuses cultures. L'indigo, le pourpre et le violet, qui sont des extensions du bleu, représentent la spiritualité. De plus, l'indigo est associé à la clairvoyance, la capacité à percevoir des images intuitives. Le sixième chakra est souvent considéré comme l'endroit où se niche la clairvoyance. Le pourpre parle de royauté, de cérémonie, et il reflète le déploiement le plus avancé de la spiritualité, ce qui justifie que l'on emploie cette couleur respectée pour le septième chakra, celui de la couronne (Hamilton-Parker, *The Aura.*)

Pour différentes raisons, je préfère utiliser le système qui va du rouge au blanc. D'abord, parce que la source de renseignements sur les chakras la plus répandue dans le monde occidental est l'œuvre de John Woodroffe. Écrit sous le pseudonyme sir Arthur Avalon, le livre de Woodroffe, *La puissance du serpent,* a été publié en Occident en 1919 et est devenu le livre de prédilection pour la majorité des gens qui s'intéressaient aux chakras. On y trouve les liens entre les chakras et les plexus nerveux ainsi que la plupart des tâches des chakras.

Woodroffe a assigné la couleur blanche au septième chakra. Il paraît logique que le système de chakra se termine par le blanc, puisque le chakra de la couronne représente la pureté et tout ce qui est bon. De plus, selon l'interprétation que Woodroffe a faite des textes sacrés du laya yoga, les pétales du premier chakra y sont décrits comme rouge carmin, en opposition avec le blanc. Comme d'autres spécialistes des chakras, j'ai interprété les couleurs qui se situent entre ces deux pôles comme une gradation du rouge au blanc. Quelques choix de couleurs de Woodroffe correspondent au système que je présente, mais certains autres, non (Avalon, p. 103–180, 317–479).

J'opte pour un système qui va du rouge au blanc parce que, d'un point de vue scientifique, cette palette est présentée dans la recherche que je mentionne brièvement à la page 29 de la partie « La vraie nature des énergies physiques et subtiles ». Cette recherche, qui décrit l'activité électromagnétique des chakras, a permis de découvrir que les couleurs des chakras étaient, dans l'ordre : rouge, orange, jaune, vert, bleu, pourpre/violet et blanc.

Évidemment, les perceptions colorent littéralement la réalité. Nos pensées et sensations déterminent ce que nous voyons. La plupart du temps, les gens restent fidèles aux couleurs qu'ils ont apprises au moment de découvrir les chakras. Je vous suggère de choisir celles qui vous conviennent le mieux.

La complexité de cette réflexion vous démontre à quel point travailler avec vos chakras — que ce soit pour réaliser une guérison, vous concentrer sur un désir ou obtenir des renseignements — est un processus extraordinaire. Laissez-moi vous montrer l'intérêt d'en apprendre davantage sur les chakras en vous parlant d'une des applications les plus vitales des connaissances sur les chakras : la guérison.

Une histoire de guérison
Une transformation du corps, de l'esprit et de l'âme

J'ai travaillé un jour avec une femme (Janie) qui avait régulièrement des crises de côlon irritable (SCI). La SCI est une maladie commune qui affecte le côlon. Les symptômes incluent crampes, ballonnements, gaz, diarrhée et constipation. La communauté médicale ne sait toujours pas exactement ce qui cause la SCI, mais on considère qu'il y a un lien avec le stress émotionnel, le mode de vie et l'alimentation, les hormones, la sensibilité du système nerveux, et d'autres facteurs.

Janie avait vu de nombreux professionnels de médecine douce et allopathique avant d'entrer dans mon bureau. Elle suivait un régime restrictif et prenait des médicaments, mais de temps en temps, elle souffrait de douleurs et de diarrhée. J'ai décidé de travailler sur le chakra associé à l'abdomen, le deuxième chakra, associé aux émotions.

Janie et moi avons fait quatre séances ensemble. Chaque fois, nous nous sommes concentrées sur un aspect difficile de son histoire émotionnelle. Je guidais Janie pour qu'elle se focalise sur son centre abdominal et qu'elle me rapporte les souvenirs que cela faisait remonter. Notre but était de trouver des situations qui pouvaient avoir un lien avec la SCI.

Ce processus a permis à Janie de découvrir plusieurs souvenirs non résolus qui lui causaient un stress émotionnel et des pensées négatives. À mesure que nous dénouions les croyances qui créaient son anxiété, la santé de son côlon s'améliorait. Même si après avoir travaillé avec moi, elle a continué à prendre des médicaments et à suivre un régime restrictif, son état s'est beaucoup amélioré. Ses symptômes sont devenus plus faibles et n'apparaissaient plus que tous les deux ou trois mois plutôt que toutes les deux semaines. Elle en était ravie.

Il arrive que le travail avec les chakras soit miraculeux, mais parfois, il ne fait qu'améliorer la situation, comme cela a été le cas pour Janie. Mais, à tout le moins, il nous invite à voir clair dans nos besoins et nos problèmes, et il nous aide à prendre de bonnes décisions. L'histoire de Janie me semble bien illustrer la beauté toute simple — et le formidable effet — du travail avec les chakras. Les techniques présentées dans la deuxième partie ont toutes été conçues de manière à vous faire entrer dans l'univers poétique et puissant des chakras pour votre plus grand bienfait.

Qu'est-ce qui rend les chakras aussi influents ? Pour le comprendre, il faut revenir à notre discussion sur l'énergie.

La vraie nature des énergies physiques et subtiles

Les chakras sont des spécialistes de l'énergie, cela ne fait aucun doute. Mais pour bien saisir leurs spécialités, il est essentiel de mieux comprendre les différences entre l'énergie physique et subtile, ainsi que leurs ressemblances.

L'énergie physique est mesurable. C'est une énergie dont la plupart d'entre nous ont conscience puisqu'on nous a appris que la réalité physique est la seule qui existe. Il est assurément plus facile de montrer et de prouver la nature concrète de ce monde. Il n'y a pas à faire des jeux de devinettes avec les choses physiques, que nous saisissons principalement par nos sens : l'ouïe, la vue, le goût, le toucher et l'odorat. Ce que nous voyons (entendons ou sentons) est ce qui est. Un demi-kilo de beurre pèse un demi-kilo. Un moustique fait un bruit de moustique (et pique comme un moustique).

En plus d'être mesurable, l'information physique est aussi prévisible, ce qui signifie que lorsqu'on agit, on a une assez bonne idée du résultat qu'on obtiendra. Si vous suivez les instructions sur une boîte de préparation pour gâteau, vous aurez un gâteau. Ce niveau de certitude est possible parce que les objets physiques obéissent aux agents de la circulation de l'univers.

Ces « policiers », qui sont en réalité les lois de la physique classique, constituent le fondement de la mécanique classique et permettent de décrire comment un corps (ou un objet) interagit avec les forces. En général, ces lois expliquent la façon dont les chakras, même si nous ne pouvons les voir, influencent notre bien-être physique et psychologique, ce qu'ils font parce qu'ils sont psychophysiologiques et qu'ils agissent comme des machines de lumière et de son.

Le terme « psychophysiologique » combine deux concepts. « Psycho » représente la psychologie, qui est liée aux émotions et aux croyances, et « physiologique » représente les fonctions du corps. Sur le plan physique, les émotions sont fabriquées avec de l'électricité et des substances chimiques grâce à une danse complexe qui met en scène le système nerveux et les glandes endocrines. La docteure Candace Pert, scientifique de renom et spécialiste des phénomènes psychocorporels, a découvert que les récepteurs cellulaires des nerfs qui traitent les émotions sont groupés aux points des chakras — oui, presque exactement à l'emplacement des chakras corporels —, ce qui démontre que les chakras sont des corps à la fois psychologiques et physiques (Pert, p. 245). Mais ils sont bien plus que cela.

Les chakras sont aussi des organes de lumière et de son. Il est important de comprendre que, d'un point de vue mécanique, chaque cellule de notre corps émet une charge, ou champ, électrique. L'électricité crée des champs magnétiques. Réunis, ils forment des champs électromagnétiques (CEM), que nous appelons aussi « lumière ». Des recherches menées dans les années 1970 ont révélé que chaque chakra fonctionne sur une bande de CEM ou de lumière colorée à des fréquences imperceptibles pour l'œil humain. Les couleurs qui émanent de chaque chakra correspondent à celles du système hindou classique, du rouge au blanc (Hunt et al).

Comme ils sont constitués de couleur, nous pouvons utiliser la couleur pour travailler avec nos chakras (vous verrez comment faire dans la deuxième partie).

Les chakras, ces machines soniques, reflètent aussi la vérité que toutes les parties de notre corps fredonnent. Eh oui, votre foie produit un son distinct, comme le font toutes les cellules de votre corps. Cette orchestration existe parce que les vibrations créent du son. Tout vibre ; par conséquent, tout produit des sons. Comme vous le verrez dans le chapitre 3, notre maestro hindou a accordé chaque chakra avec une tonalité précise, qu'on appelle « syllabe-germe » ou « *bija* mantra » dans la langue des chakras. Ainsi, les sons influencent les chakras qui, à leur tour, partagent de l'information par les sons. C'est pour cette raison que vous pouvez utiliser le *toning* et d'autres outils vocaux pour améliorer votre vie par le travail des chakras. Vous apprendrez comment le faire dans la deuxième partie.

À l'inverse des énergies physiques, les énergies subtiles ne sont pas mesurables. Cela signifie qu'il est impossible de calculer ou de prédire leur activité avec de l'équipement moderne, comme des appareils de radiographie. Malgré l'invisibilité relative des énergies subtiles, ce sont leurs effets stupéfiants qui nous persuadent de leur existence.

Il existe de nombreux termes pour parler des énergies subtiles : énergies du point zéro, psychiques, intuitives, éthériques, vitales et spirituelles, ainsi que densité optique, orgone, ondes scalaires, tachyons, chi, prana, ondes à retournement temporel, ondes longitudinales, champ biologique, biomagnétisme, et d'autres encore. J'aime le terme « énergie subtile » parce qu'il explique sa nature. Albert Einstein a été le premier physicien à l'utiliser. Il la définissait comme étant une énergie ou une « force qui reste en l'absence de toute force connue » (Crowe, p. 206). Autrement dit, l'énergie subtile est non physique, mais très interactive. Son effet puissant est distribué par l'information qu'elle transporte, même si cette information ne peut être vue (Ibid.). Mais ce n'est pas tout. Quand l'énergie subtile vibre, tout ce qui interagit avec elle vibre aussi, donc change. Comme les énergies subtiles « touchent » tous les plans de la réalité, visible et invisible, changer l'énergie subtile permet de transformer tous les plans de la réalité, incluant la réalité physique.

D'un point de vue scientifique, c'est la physique quantique qui explique le mieux l'énergie subtile et les effets spirituels et parfois miraculeux des chakras. La physique quantique, c'est l'étude des quanta, les plus petites unités qui existent dans l'univers. Si on les compare aux énergies physiques, les énergies subtiles sont beaucoup plus fluides. Le monde des quanta est souvent considéré comme étrange ou effrayant, parce que tout peut y arriver à tout moment. Une tumeur peut apparaître… ou se dématérialiser. L'argent peut se désintégrer… ou apparaître. Le monde des quanta est néanmoins gouverné par des lois, même si celles-ci sont plus fluides que les lois de la physique classique.

Une des lois quantiques les plus importantes est celle qui affirme qu'un observateur influence la réalité de ce qu'il observe. Une autre, c'est que si deux objets ou personnes ont déjà été en contact, ils continuent d'avoir une influence l'un sur l'autre même s'ils sont séparés par le temps et l'espace (Dale 2009, p. 21–28).

Quel est le lien entre ces lois et les chakras ? Les vortex des chakras les retiennent dans le monde physique, mais ce sont d'abord et avant tout des tourbillons formés de quanta.

Si vous vous concentrez sur un désir par un chakra, vous devenez un « observateur » et pouvez diriger votre énergie vers votre objectif. Par un chakra, vous pouvez entrer en contact avec toute personne et toute chose, peu importe où elle se trouve. C'est le scénario idéal pour s'ouvrir à la guidance spirituelle, travailler sur des relations difficiles, se mettre au diapason de son passé ou de son avenir, ou décider des prochaines étapes de sa vie.

Malgré leurs différences, les énergies physiques et subtiles travaillent très bien ensemble. Il est important de le spécifier, car cela explique comment les chakras peuvent influencer simultanément les énergies physiques et subtiles.

Le champ électromagnétique (CEM) est un exemple de cette interactivité, puisqu'il distribue des énergies subtiles au corps physique (Crowe, p. 206). Pour bien comprendre ce concept, imaginez une onde de lumière multicolore. Ensuite, imaginez de petites bulles subtiles (invisibles) qui se mélangent à cette onde. De nombreux membres de la communauté des bulles rebondissent sur l'onde ; d'autres se glissent sous elle. Certains partent très loin, alors que d'autres se cachent à l'intérieur de l'onde. Grâce à leurs mouvements complexes, les bulles influencent continuellement l'onde de lumière, et vice versa. Ces bandes d'énergie que les chakras émettent et sur lesquelles ils fonctionnent sont à la fois physiques et subtiles. Et c'est par ces bandes que les chakras deviennent des portails entre le monde concret et le monde intangible.

Une des raisons pour lesquelles les énergies physiques sont si influencées par les énergies subtiles — et que les énergies subtiles peuvent aussi facilement s'insinuer dans ce qu'on appelle la « réalité concrète » —, c'est le fait que le monde physique n'est pas dur comme de la pierre. Même que sur certains plans, il est subtil. Des études ont démontré que les atomes physiques sont composés de vortex d'énergie qui tournent et vibrent, et relient les atomes entre eux. Ces entonnoirs — qui ressemblent à des chakras qui tournoient — créent une apparence de densité et d'imperméabilité. Mais, en réalité, il n'y a pas de solidité, que des énergies qui bougent, certaines plus faciles à reconnaître que d'autres. Les chakras sont les entonnoirs qui nous permettent de naviguer entre nos différents modes, du monde physique au monde spirituel, et inversement.

En plus de transférer l'information entre les mondes physique et subtil, les chakras peuvent aussi transformer l'un des mondes en l'autre. Et c'est par cette dernière explication de ce chapitre que vous pourrez vraiment comprendre le travail de transformation des chakras.

Les chakras, ces transformateurs

Dans la réalité concrète, un transformateur est un appareil électrique qui convertit le courant électrique d'un voltage à un autre. C'est ce même processus qui lui permet de convertir un type d'énergie en un autre.

Jerriann J. Taber, auteur de *The Rapid Healing Technique*, explique que les chakras émettent de l'énergie dans quatre directions : vers le haut, le bas, l'intérieur et l'extérieur (Taber, p. 11). Cela signifie que les chakras font passer les énergies d'un état supérieur à un état inférieur (et vice versa), ainsi que de l'intérieur du corps à l'extérieur. Ils font aussi passer l'énergie d'un plan de l'existence à un autre (ce sera décrit dans le prochain chapitre) et entre le corps, l'esprit et l'âme de quelqu'un. Et comme si ces tâches ne leur suffisaient pas, ils peuvent aussi convertir l'énergie physique en énergie subtile (et vice versa). Autrement dit, ils agissent comme des transformateurs.

À quoi ce type d'échange peut-il ressembler au quotidien ? Imaginez que vous rendez visite à votre mère et lui dites, l'esprit ailleurs, que vous avez faim. Votre père n'est pas là, il est en route du travail vers la maison — et il ne sait pas que vous êtes là.

Sans que vous en soyez conscient, un de vos chakras emballe ces mots physiques et mesurables pour en faire un paquet « plus rapide que la lumière » de données qu'il télécharge dans l'atmosphère. Votre père reçoit ce message, de manière inconsciente, et un de ses chakras s'attelle avec joie à répondre à votre besoin.

Sans savoir pourquoi, votre père s'arrête dans un restaurant rapide et y commande trois repas. Il sait que votre mère pourrait avoir faim, mais pourquoi apporter un repas de plus ? Lui-même ne comprend pas son geste. Quand votre père rentre, vous êtes agréablement surpris de découvrir qu'il a apporté assez de nourriture pour tout le monde, y compris un invité-surprise.

Dans cet exemple, vous pouvez voir votre chakra (et celui d'une autre personne) travailler activement. L'information est convertie de l'état physique (votre phrase) à l'état subtil (l'intuition de votre père), puis revient à l'état physique (la nourriture). Pas mal pour une seule journée de travail !

Quand votre père a reçu la phrase psychique, ce n'est pas comme s'il avait été frappé par une pierre entourée d'une feuille de papier. Mais il a été capable de transformer l'impression (votre désir) en un sens qu'il pouvait comprendre, et cela s'est produit par ses chakras. Peut-être que sa conscience ne s'est pas transformée directement en un hamburger avec frites, mais l'information a causé une réaction physique qui s'en est chargée.

En tant que spécialistes de l'énergie, les chakras ont su convertir l'énergie physique en énergie subtile, et vice versa, chez deux personnes. Dans la deuxième partie, vous découvrirez quatre types d'intuition qui vous permettront de comprendre les messages que vos chakras envoient dans votre univers.

Commencez-vous à mieux saisir à quel point les chakras travaillent fort ? La vérité, c'est qu'ils ne peuvent s'empêcher de vous aider, car ils sont conçus de manière à remplir les différentes fonctions dont il a été question dans ce chapitre. Ils ont aussi des assistants, puisqu'ils ne sont pas les seuls acteurs du domaine de la gestion de l'énergie.

Dans le prochain chapitre, vous découvrirez les mécanismes structuraux des chakras et rencontrerez les autres membres de la famille de l'énergie subtile. Vous serez épaté de voir la virtuosité des systèmes subtils qui participent au fonctionnement de votre corps, de votre esprit et de votre âme.

RÉSUMÉ

Vous avez appris que vos chakras sont des corps d'énergie subtile. Il existe de nombreux systèmes de chakra, mais on s'est concentré ici sur le système hindou classique avec ses sept chakras ancrés dans le corps physique qui ressemblent à des tourbillons d'énergie. Chaque chakra apporte des bienfaits physiques (corps), psychologiques (esprit) et spirituels (âme) parce que sa roue qui tourne le relie à différents niveaux de réalité.

La magie des chakras repose dans leur capacité à convertir l'énergie d'un état à un autre. Tout est constitué d'énergie, qui est de l'information en mouvement, mais il existe deux types principaux d'énergie : physique (mesurable) et subtile (non mesurable). Les chakras peuvent convertir ces énergies, et même transformer l'énergie physique en énergie subtile (et vice versa), parce qu'ils émettent et fonctionnent sur des bandes de fréquences vibratoires. L'existence de ces bandes horizontales nous permet de décrire les chakras de plusieurs façons, comme par la couleur. Vous en saurez plus sur les différentes façons de décrire les chakras/bandes (symbolique, par la tonalité, etc.) dans le chapitre 3.

Chapitre 2

LES CONSTELLATIONS DES CHAKRAS

L'intérieur et l'extérieur

Une constellation céleste est un groupe d'étoiles qui dessine une forme. Au sein du groupe, même si les étoiles ont des similitudes génétiques, chacune brille d'une façon unique. Quand on les lie ensemble, elles créent des formes qui nous font pousser des oh! et des ah!

Comme les étoiles, les chakras sont des formes énergétiques distinctes. Tous les chakras possèdent la même structure de base et fonctionnent d'une manière semblable. Comprendre cela vous permet d'en savoir un peu plus sur vos chakras et, par le fait même, sur vous. Cela vous indique aussi comment vous pouvez bénéficier du travail sur les chakras, qui sera étudié dans la deuxième partie. Le système des chakras forme un agencement qui fait partie d'un plus grand tout. En fait, ils sont un des trois membres d'une famille qu'on appelle « anatomie énergétique subtile ».

Dans ce chapitre, nous examinerons la structure de base d'un chakra générique. Cette exploration nous fournira de l'information précieuse sur le fonctionnement des chakras et la façon de travailler avec eux pour atteindre vos buts. Ensuite, vous rencontrerez le reste de la famille de l'énergie subtile qui, en plus des chakras, comprend aussi les canaux et les champs d'énergie subtile. Ensemble, ces trois parents font circuler votre énergie subtile de manière à vous assurer santé, bonheur et bien-être.

Pendant votre rencontre avec cette famille, vous découvrirez aussi ses cousins énergétiques, comme les *granthi*, les *kosha*, les plans de l'existence et l'énergie vitale de la kundalini, qui enclenchent une réaction en chaîne vous permettant d'aller jusqu'à une intégration complète du corps, de l'esprit et de l'âme. Après avoir lu ce chapitre, vous aurez une image plus claire de votre être invisible, que plusieurs considèrent comme leur être « le plus authentique ».

Qu'est-ce qui fait tourner les chakras ?
Structure, structure et encore de la structure

Pourquoi est-il si important de comprendre la structure des chakras ? Pour répondre à cette question, je vais revenir à l'analogie du chapitre précédent où je présente les chakras comme étant semblables aux organes physiques.

Si un patient a un problème de foie, la première chose que fera un médecin, c'est comparer le foie du patient avec l'image et le fonctionnement d'un foie « normal ». Armé de cette comparaison, le médecin saura comment traiter le foie. Le travail des chakras fonctionne de la même manière. S'il y a quelque chose d'un peu désynchronisé dans votre vie, et que vous pouvez établir le lien avec un chakra, vous découvrirez qu'en ajustant le chakra, vous allez régler le problème.

Chaque chakra a ses particularités, mais ils partagent tous la même structure de base. Cette structure leur permet de fonctionner. Si un chakra est solide d'un point de vue structurel, il fonctionnera à son niveau optimum. S'il ne l'est pas, le chakra aura des problèmes (et vous aussi). Dans la deuxième partie, vous apprendrez comment vérifier la structure d'un chakra et trouver une façon de le rééquilibrer si nécessaire. Vous apprendrez dans cette partie à quoi devrait ressembler un chakra, afin de vous assurer que vos chakras sont toujours parfaitement «ajustés».

Il existe quatre aspects de la structure d'un chakra qu'il faut observer : le positionnement vertical, la gauche et la droite, l'avant et l'arrière, ainsi que la roue intérieure et extérieure. De plus, un spécialiste des chakras vérifiera aussi la rotation du chakra — dans le sens horaire ou antihoraire.

Jetons maintenant un coup d'œil à ces importants «éléments du design» d'un chakra.

Positionnement vertical

En général, plus un chakra se situe bas sur le corps, plus sa vibration est basse et lente, et plus ses effets sont tangibles. Plus un chakra se situe haut, plus sa vibration est haute et rapide, et plus ses effets se situent sur le plan spirituel. Cela signifie que si vous souhaitez créer quelque chose de concret dans votre vie, vous devrez interagir avec vos chakras inférieurs. Inversement, si vous cherchez un résultat d'ordre spirituel, il vous faudra travailler avec vos chakras supérieurs.

Vous pouvez travailler de manière encore plus spécifique à l'intérieur d'une catégorie de chakras étant donné que chacun des sept chakras est classé selon l'aspect physique, psychologique ou spirituel. Si tous les chakras peuvent avoir toutes ces fonctions, ils ont aussi une spécialité. Voici comment ils se subdivisent :

CHAKRA	SUBDIVISION	EFFETS
PREMIER	PHYSICALITÉ	RESPONSABLE DE LA SANTÉ PHYSIQUE, DES BESOINS, DU BIEN-ÊTRE, ET INTERAGIT AVEC LA RÉALITÉ MATÉRIELLE
DEUXIÈME, TROISIÈME, QUATRIÈME	PSYCHOLOGIE	RÉGULE LES ÉMOTIONS, PENSÉES ET RELATIONS, ET EST RESPONSABLE DU BIEN-ÊTRE PSYCHOLOGIQUE
CINQUIÈME, SIXIÈME SEPTIÈME	SPIRITUALITÉ	GÈRE LA COMMUNICATION ET L'EXPRESSION PERSONNELLE, LE DON ET LA RÉCEPTION D'INSPIRATION ET L'IDENTITÉ SPIRITUELLE

Comment pourrez-vous utiliser cette information en exécutant les techniques de la deuxième partie ? Parfois, le plus grand défi, quand vient le temps de créer la guérison ou la manifestation, c'est de trouver par où commencer. Imaginons que vous souhaitez gagner davantage d'argent. Étant donné que l'argent est un besoin matériel, vous pouvez concentrer votre travail sur le premier chakra.

Vous vivez des difficultés dans une relation ? Vous pourriez commencer par un ou plusieurs des chakras liés à la psychologie. Vous souhaitez entrer en contact avec le Divin, les anges ou votre sagesse supérieure ? Commencez par vos chakras spirituels.

Dans le doute, concentrez-vous sur votre chakra du cœur, le quatrième. Il est au milieu du système de chakras, c'est l'épicentre ou le lieu de rencontre des énergies des chakras inférieurs et supérieurs. Toutes bonnes choses se retrouvent dans le cœur, et toutes les fins les plus nobles peuvent être accomplies grâce au pouvoir de l'amour.

Côté gauche et côté droit

Les chakras ont un côté gauche et un côté droit, déterminés par rapport au corps. Ainsi, le côté gauche d'un chakra est du côté gauche du corps et son côté droit est du côté droit. S'il est important de bien comprendre cela, c'est parce que chaque côté d'un chakra (et du corps) gère soit les aspects yin (féminins) d'une question, soit ses aspects yang (masculins).

En général, les questions et les traits féminins sont associés au côté gauche des chakras et du corps. La féminité est décrite comme étant réceptive, émotionnelle, intuitive et compatissante. À l'inverse, le côté droit des chakras et du corps est perçu comme masculin, c'est-à-dire dominant, actif, énergique et déterminé. Pour ce qui est du cerveau, le côté droit dirige le côté gauche du corps, et le côté gauche dirige le côté droit du corps. Les deux côtés doivent coopérer pour qu'on puisse avoir une approche de la vie équilibrée.

Les chakras nous aident à atteindre un équilibre en effectuant des échanges d'énergie entre le côté droit et le côté gauche. Certains spécialistes croient que l'énergie entre du côté gauche du système énergétique, dont les chakras font partie, et sort à droite. Cela signifie que le côté gauche de chaque chakra reçoit de l'information en provenance du monde et que le côté droit projette nos besoins et messages dans l'environnement (Innovation Technologies, *Understanding Auras*).

Je fais souvent appel aux connaissances sur les côtés droit et gauche d'un chakra lorsque je travaille avec un client, car cela me permet de savoir avec quel côté d'un chakra je dois travailler. Par exemple, j'ai travaillé pendant plusieurs séances avec un client qui était toujours angoissé. Il avait essayé la méditation, les exercices de respiration et des compléments alimentaires calmants, mais rien ne parvenait à apaiser son corps, son esprit, ou son âme.

Comme on a pu le voir dans le dernier chapitre, le troisième chakra est responsable de ce qui relève du mental. Les angoisses étant causées par des pensées (un excès de pensées), je me suis donc concentrée sur le troisième chakra de mon client. Je savais qu'il recevait trop d'information par son côté gauche et n'arrivait pas à gérer ce surplus d'information avec son côté droit. Je lui ai donc fait poser les mains sur le côté gauche de son plexus solaire pendant quelques minutes. Il s'est aussitôt calmé. L'énergie subtile influence la physicalité, mais nos actions physiques ont aussi un effet sur notre flux d'énergie subtile. Je ne pouvais lui demander de coller un tissu sur le côté gauche de son ventre 24 heures sur 24, mais je lui ai appris à imaginer un filtre sur cette partie de son corps. Ses angoisses ont beaucoup diminué.

Avant et arrière

La plupart des chakras (et tous ceux qui font partie des sept les plus connus) ont une partie avant et une partie arrière déterminées par rapport au corps. C'est aussi le cas du septième chakra. On pourrait dire que l'avant et l'arrière du septième chakra s'enroulent l'un dans l'autre.

C'est en général la partie arrière d'un chakra qui reçoit l'information, et l'avant qui la diffuse. L'arrière est aussi la partie qui est liée à l'inconscient, au subconscient et à l'âme. Cela signifie qu'elle filtre et introduit l'information basée sur nos vies passées, notre enfance et d'autres facteurs comme les données transportées par la roue extérieure du chakra.

L'avant d'un chakra est responsable de la présentation du Moi au quotidien. Il révèle notre personnalité au monde et lui indique comment nous traiter. Il est programmé par notre Moi conscient et il met en œuvre nos décisions. Il est aussi influencé par l'énergie qui entre par l'arrière du chakra.

Quand je veux aider un client à transformer son quotidien, je me concentre sur l'avant des chakras. Quand je veux aider un client à apporter des changements importants à sa vie, plus particulièrement dans les cas de maladies chroniques, je travaille sur la partie arrière. Voici un exemple du second cas : j'ai travaillé avec une cliente qui était constamment endettée. Elle croyait à la guérison par l'énergie subtile et avait déjà consulté de nombreux thérapeutes. Ils avaient tous travaillé sur l'avant de son premier chakra, qu'ils avaient choisi étant donné qu'il est responsable des besoins liés à la sécurité, y compris l'argent. Je me suis également concentrée sur ce chakra, mais je lui ai demandé ce qu'elle ressentait dans sa partie arrière.

Elle m'a dit que ça lui semblait « coincé » et « bloqué ». En discutant avec moi, une légende familiale lui est revenue, une phrase qui était souvent prononcée lors des repas. Ses parents affirmaient que « seuls les gens méchants s'enrichissent. »

J'ai demandé à ma cliente si elle se sentait prête à changer cette croyance. Elle le voulait. Avec sa permission, j'ai posé ma main près du bas de son dos et j'ai demandé au Divin de transmettre de l'énergie de guérison par l'arrière de son premier chakra. Ma cliente a presque sauté de sa chaise tellement l'énergie qu'elle a reçue était puissante. Elle est revenue me voir un an plus tard, juste pour me dire qu'elle s'était libérée de ses dettes et qu'elle avait maintenant un compte d'épargne. Comme sa résistance à l'afflux d'argent était un héritage familial, cela n'a pu être réglé qu'en travaillant sur la partie arrière de son chakra.

Roues intérieure et extérieure

Cela fait maintenant plus de 25 ans que je travaille avec les chakras, et j'ai pu constater qu'ils sont tous composés de deux roues. Celles-ci fonctionnent comme des moyeux qui séparent le chakra en deux parties, l'externe et l'interne et, respectivement, en programmes matériel et spirituel. L'illustration 4 présente un modèle simple de ces deux roues.

Ces deux roues accumulent de l'information. On pourrait aussi dire qu'elles stockent des souvenirs, qui se transforment ensuite en programme, un peu comme un logiciel dans un ordinateur. Les programmes mettent en place un système de filtre qui trie les données qui peuvent entrer dans un chakra. Les souvenirs participent aussi à l'interprétation et à la diffusion des données. Chaque partie de la roue d'un chakra interagit avec l'information qui correspond à la bande vibratoire de celui-ci et décide de la façon dont il faut la traiter, en se basant sur les programmes.

Il y a une énorme différence entre les moyeux des roues ; elle est si importante que je suis souvent ébahie quand je les compare. La roue extérieure garde la mémoire de l'âme,

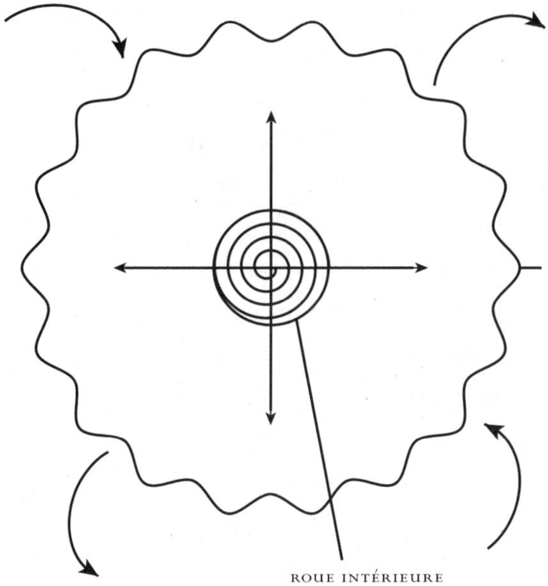

ILLUSTRATION 4 : *Les deux roues d'un chakra*

des vies passées, du matériel épigénétique, des gènes, du système familial, de l'enfance et des expériences vécues. La roue extérieure utilise cette mémoire pour créer des programmes qui visent à une seule et unique chose : la survie. L'adaptation est la clé de la survie.

Tout cela semble très bien… à première vue. Après tout, tout dans la vie n'est-il pas une question de survie ? Il est impossible d'exprimer son Moi supérieur si on n'est pas dans un corps pour le faire ! Mais avant de soupirer de soulagement, laissez-moi vous présenter l'équipe responsable de contrôler votre roue extérieure.

Votre âme est cette partie de vous qui voyage d'une vie à l'autre, engrangeant des expériences. Les expériences créent la sagesse… et les blessures. Elles sont aussi le fondement de votre karma ou votre plan de cours, c'est-à-dire ce que vous avez déjà appris et ce qu'il vous reste à apprendre. Cela signifie que lorsque votre âme programme la roue extérieure de chaque chakra, habituellement lors de la préconception, elle dépose la sagesse et les blessures issues de vos anciennes vies. Malheureusement, la programmation de cette roue extérieure a tendance à recréer les événements difficiles, que nous en soyons responsables ou victimes.

Nous ne recréons pas le passé dans le but de faire souffrir les autres ou soi-même. La pensée karmique (ou pensée de l'âme) fonctionne ainsi : *Si j'attire à moi les mêmes expériences négatives et le même type de personnes qui m'ont blessé par le passé (ou des situations où j'ai blessé des gens), j'aurai l'occasion d'agir différemment.*

Cependant, il est très difficile d'agir autrement que par le passé. Cela signifie que la roue extérieure d'un chakra tend à emmagasiner (ou à causer) de plus en plus d'inconfort au fil du temps.

Le matériel épigénétique est la soupe chimique, appelée aussi ADN non codant, qui entoure les gènes. Ce matériel transporte la mémoire de nos ancêtres, incluant les empreintes des maladies, des traumatismes et des émotions. Cette programmation est stockée sur des virus morts et d'autres microbes. Des transformations du matériel épigénétique peuvent activer ou désactiver certains gènes, ce matériel codant qui donne des instructions au corps. On a établi des liens entre des maladies, des comportements ou des problèmes mentaux (tels les troubles cognitifs, les maladies auto-immunes, les cancers) et des activités épigénétiques (Weinhold, *Epigenetics*).

Ainsi, par la roue extérieure des chakras, on se trouve à répondre continuellement et inconsciemment à des mémoires ancestrales qui ne nous appartiennent pas. Une bonne partie de cette information n'a rien à voir avec notre vie actuelle, et pourtant son activation nous affecte.

J'ai travaillé un jour avec une cliente qui souffrait de graves allergies alimentaires. Elle semblait être allergique à presque tout, que ce soient des aliments, l'odeur de certains animaux, des fleurs. Ayant étudié l'épigénétique, je me suis demandé si elle ne réagissait pas à des allergies provenant de ses ancêtres plutôt que développées par elle. Pendant quelques séances, nous avons utilisé des techniques présentées dans le chapitre 6 pour purifier et équilibrer les roues extérieures de tous ses chakras. Après chaque séance, ses allergies diminuaient en nombre et en sévérité. À la fin de ce traitement, il ne lui en restait plus que très peu.

Les autres éléments qui entrent dans la composition de la roue extérieure sont le système familial, l'enfance de la personne et les expériences qu'elle a vécues. Tout ce qui nous arrive (le bon comme le mauvais) peut éventuellement créer une entaille dans une roue extérieure. Les programmes positifs aident à répondre de manière positive à des événements. Les programmes négatifs ont l'effet contraire.

La roue extérieure n'est pas mauvaise. Il faut pouvoir s'adapter et s'intégrer afin de survivre. Les perceptions et leçons de nos ancêtres et de notre famille établissent une carte qui nous aide à manœuvrer au travers des occasions et des désastres de la vie. Mais beaucoup de nos programmes reposent sur la peur, ou la honte, et portent à avoir toujours les mêmes réactions malavisées aux stimuli de la vie.

La roue intérieure des chakras est très différente de l'extérieure en ce qu'elle contient les vérités, les principes et les programmes de notre esprit. L'esprit est le Moi essentiel. Appelé aussi « Moi véritable » ou « Moi supérieur », il est cet aspect de nous qui est en lien avec le Divin. C'est le côté dharmique, ou dévoué à l'intégrité spirituelle, alors que l'âme est karmique. En général, les décisions dharmiques mènent davantage vers la grâce et la facilité que celles qui sont karmiques.

Cette distinction entre les roues des chakras fait en sorte que je préfère travailler avec la roue intérieure lorsque j'aide des clients à mieux comprendre leur nature supérieure et leur parcours de vie. J'ai travaillé un jour avec un homme d'affaires très prospère qui était déprimé. Il avait accompli tous ses objectifs financiers, mais il lui manquait un sens à sa vie. Je l'ai guidé vers un travail sur la roue intérieure de son chakra de la couronne, associée à la spiritualité et aux buts spirituels, et il s'est rappelé combien il aimait les animaux lorsqu'il était enfant. Peu de temps après notre séance, il a commencé à travailler comme bénévole dans un refuge pour animaux et il s'est senti revigoré.

Je travaille avec la roue extérieure d'un chakra quand je veux aider des clients à comprendre pourquoi ils se trouvent dans une situation difficile. J'ai travaillé avec une femme d'âge moyen qui avait eu près d'un accident de voiture par année depuis qu'elle était adulte. Aucun d'entre eux n'avait été dangereux pour sa vie, et dans certains cas, sa voiture avait été à peine cabossée. Mais le problème revenait si fréquemment, qu'elle avait fini par avoir peur de conduire.

Je lui ai demandé de s'allonger sur ma table de traitement et j'ai utilisé un pendule pour découvrir lequel de ses chakras contenait l'énergie qui attirait à elle des accidents. (Vous apprendrez à vous servir d'un pendule dans le chapitre 4.) Avant de vous expliquer ce qui s'est passé, je veux préciser une chose : je ne crois pas que nous sommes responsables de toutes les maladies et difficultés que nous rencontrons. Nous ne sommes pas responsables de ce que les autres font ou ne font pas. Nos chakras ont toutefois un effet sur les champs énergétiques qui nous entourent et peuvent attirer certaines situations. La bonne nouvelle, c'est qu'en travaillant sur nos énergies subtiles, nous pouvons changer certaines choses dans notre vie.

Le pendule a dirigé mon attention vers le quatrième chakra, celui du cœur. Vous avez lu dans le chapitre précédent que le quatrième chakra est lié aux relations. Sachant cela, j'ai demandé à ma cliente si elle avait déjà eu une relation qui avait été bouleversée par un accident de voiture. Elle a pâli et m'a expliqué que son père biologique était mort dans un accident de voiture quand elle n'avait qu'un an. Elle avait ensuite été élevée par son beau-père, qu'elle aimait beaucoup. Par loyauté envers son beau-père, elle ne s'était jamais permis de vivre le deuil de son père. Nous avons passé plusieurs séances à lui permettre de vivre la perte de son père, et les gains qui y étaient associés. C'était il y a cinq ans, et, depuis ce temps, elle n'a jamais eu d'autres accidents, à l'exception d'un accrochage de pare-chocs à l'épicerie.

Lorsque je n'arrive pas à me décider sur quelle roue d'un chakra je dois travailler, j'invite l'énergie de la roue intérieure à infiltrer la roue extérieure du chakra. C'est un peu comme si je demandais à la partie divine d'une personne de guérir sa partie humaine. Cette demande toute simple, que l'on peut faire par l'intention, la concentration, la prière ou la méditation, nous aide à reconnaître la beauté de nos leçons humaines et à pousser plus loin l'incarnation de notre esprit sur tous les plans.

Rotation des chakras

Comme nous l'avons expliqué dans le chapitre 1, un chakra peut tourner dans le sens horaire ou dans le sens antihoraire. Quand on évalue la rotation d'un chakra, on s'intéresse à sa roue extérieure. La roue intérieure est à la fois immobile et très dynamique, et elle fredonne un amour spiritualisé. Il peut arriver que la roue extérieure d'un chakra paraisse immobile, mais c'est une illusion. Comme tout est en constant mouvement, c'est aussi son cas.

Habituellement, on considère le sens de rotation en fonction du regard d'un observateur externe. Ainsi, si on regarde un chakra, que ce soit sa partie arrière ou avant, on considère que sa rotation est dans le sens horaire s'il tourne vers la droite et dans le sens antihoraire s'il tourne vers la gauche. Certains thérapeutes considèrent toutefois qu'on décide de la rotation selon le point de vue du sujet. On vous expliquera comment choisir votre façon de procéder dans le chapitre 4.

En général, on ne peut pas dire que le sens de rotation d'un chakra n'est pas bon. Quand il tourne dans le sens horaire, il laisse entrer l'énergie. Quand il tourne dans le sens inverse, il en libère. Un chakra change de direction plusieurs fois par jour, ou même par heure, selon l'énergie qu'il est en train de traiter. Dans le chapitre 5, vous en apprendrez plus sur le sens de rotation des chakras.

Dans le chapitre 3, vous apprendrez que chaque chakra est associé à un nombre de pétales de lotus. Cela dépend, entre autres, de la rotation du chakra, qui est le résultat de l'énergie qui entre dans le chakra et en sort. Étant donné que chaque chakra émet et repose sur sa propre fréquence, ils sont tous différents sur le plan vibratoire et ont différentes vitesses de rotation. Le dessin de lotus représente ce à quoi ressemblerait le vortex d'un chakra, s'il s'immobilisait complètement.

Quand il est question de la rotation d'un chakra, on doit aussi se demander s'il est « ouvert » ou « fermé ». C'est une question que se posent souvent les thérapeutes quand ils examinent des chakras. La plupart des guérisseurs qui travaillent avec les énergies subtiles, moi y comprise, ont appris à considérer un chakra ouvert comme étant prêt à recevoir les énergies et à les émettre. Cependant, si un client à un chakra « trop ouvert », celui-ci risque d'être inondé par des énergies externes, et la personne se trouvera dépassée et impuissante. D'autre part, un chakra « fermé » peut offrir une protection, mais s'il est trop fermé, il ne pourra exécuter ses tâches.

Je considère que les termes « fermé » et « ouvert » sont inappropriés pour parler des chakras. D'abord, un chakra ne peut être complètement fermé. Comme il est en constant mouvement, il tourne tout le temps et est donc disponible aux énergies partagées. Un chakra peut toutefois se contracter et se déployer, ce qu'il fait souvent.

Lorsqu'on le regarde de devant et en plongée, le vortex d'un chakra contracté apparaîtra serré, dense et peu étendu. Que la rotation de la roue extérieure d'un chakra soit contractée ou déployée n'est pas a priori bon ou mauvais. L'important, c'est de savoir si le chakra fonctionne bien ou pas.

Imaginez que vous vous trouvez devant un alcoolique qui hurle de rage, vos chakras avant se contracteront sans doute pour vous protéger. Les chakras arrière leur emboîteront sans doute le pas. Ensuite, ils pourraient se déployer pour absorber le soutien spirituel nécessaire pour recevoir toute cette violence. Si vous êtes en train de jardiner, le devant et l'arrière de vos chakras vont fort probablement se déployer afin de mieux absorber l'énergie nutritive de la nature.

Il arrive que les chakras répondent de manière inappropriée aux stimulations. Ils peuvent se resserrer alors qu'ils devraient s'ouvrir ou, au contraire, s'étendre quand ils devraient se rétracter. S'ils se contractent au mauvais moment, vous allez vous sentir éteint et ne pourrez recevoir de l'aide. S'ils se déploient quand il ne faut pas, vous vous sentirez dépassé et risquez d'absorber des énergies malsaines. Lorsque leur programmation est saine, les chakras auront une réaction appropriée. Si vos programmes chakriques travaillent à vous protéger, vos frontières d'énergie subtile seront efficaces. Ces frontières sont des filtres subtils à l'extérieur de votre corps qui trient les énergies qui entrent dans un chakra et en sortent. Les plus importants sont les champs auriques, décrits un peu plus loin, qui sont en relation avec les chakras. Vous trouverez dans le chapitre 9 un exercice qui vous permettra d'établir des frontières subtiles efficaces.

La famille des chakras

S'il est important de comprendre la structure interne des chakras, il est également essentiel d'étudier les chakras en fonction des autres structures énergétiques. Dans cette partie, on abordera les deux autres importantes structures d'énergie subtile ainsi que plusieurs structures additionnelles, qui fonctionnent toutes en interaction avec les chakras pour votre plus grand bien. On y fera référence lors de l'explication de certains exercices dans la deuxième partie.

Il existe trois principales structures d'énergie subtile qui composent l'anatomie subtile : les organes, les canaux et les champs énergétiques subtils. Nous allons examiner ces trois catégories l'une après l'autre.

Les organes subtils
Les chakras et les autres

Les chakras forment le principal groupe d'organes subtils. Ils ne sont toutefois pas les seuls en ville dans ce domaine. Il existe plusieurs autres corps énergétiques qui portent des noms différents selon le système énergétique auquel on se réfère. Plusieurs de ces corps énergétiques constituent aussi différents plans de la réalité, que l'on représente souvent comme formant des couches à l'extérieur du corps physique. Ces domaines d'énergie pourraient comporter leurs propres chakras, mais la plupart des spécialistes que je connais croient que les spirales de nos chakras s'infiltrent dans ces différents plans. Je partage cette information au cas où vous souhaiteriez faire l'expérience de l'une ou l'autre de ces couches à l'aide des techniques proposées dans la deuxième partie. Pour ce faire, il vous suffit de remplacer un chakra par un de ces plans ou corps dans un exercice.

Voici quelques-uns de ces corps/couches :

CORPS ÉTHÉRIQUE : Ce plan, qu'on appelle aussi « corps vital », se trouve juste à l'extérieur du corps physique et fonctionne en interaction avec toute l'anatomie d'énergie subtile corporelle. Il programme le corps physique et garde des modèles qui peuvent guérir notre corps physique.

Corps émotionnel : Ce plan de réalité, qu'on appelle aussi « corps astral » ou « plan astral », gère nos désirs, notre imagination et nos sensations psychiques.

Corps mental : Ce plan, appelé aussi « corps intellectuel », permet d'avoir une pensée claire, une intelligence vive et un excellent jugement.

Corps causal : Aussi appelé « corps de l'âme », ce corps énergétique exprime notre personnalité vraie, celle qui nous suit d'une vie à l'autre. On considère qu'il est le véhicule de notre immortalité et qu'il engrange toutes les connaissances que nous avons acquises.

Corps bouddhique : Appelée aussi « corps intuitif », cette unité énergétique transcende l'esprit et nous aide à reconnaître le réel de l'irréel.

Canaux subtils

Nadis, méridiens et leurs partenaires énergétiques

Selon l'histoire hindoue de la réalité, les principaux canaux subtils sont les nadis. Différentes sources parlent de l'existence de 72 000 à 340 000 nadis. Fort heureusement, la plupart des systèmes ne reconnaissent que 14 nadis vitaux et 3 principaux, qui sont représentés dans l'illustration 5.

Les voici :

SUSHUMNA : Monte par la colonne vertébrale et traverse le centre des chakras spinaux.

IDA : Associé au côté gauche du corps, ce nadi féminin traverse le pingala aux intersections des chakras.

PINGALA : Associé au côté droit du corps, ce nadi masculin traverse l'ida pour recouper les chakras.

Pendant toute notre vie, les chakras et les nadis distribuent le prana, une énergie vitale naturelle, dans le corps. Il y a aussi, lovée à la base de la colonne vertébrale et n'attendant que le bon moment pour frapper, une énergie représentée sous la forme d'un serpent et appelée « kundalini ». La kundalini est perçue comme une lumière divine féminine constituée de matière et d'énergie. On l'appelle aussi « Shakti », du nom de la déesse hindoue qui est la compagne du dieu Shiva. Ce dernier se trouve en latence dans le septième chakra et représente l'esprit et la conscience.

Lorsque la rouge Shatki, ou serpent kundalini, est activée, elle se réveille, s'étire et commence à se hisser vers le haut en traversant les nadis et les chakras. Son but est de trouver son amoureux, Shiva, et de s'unir à lui, ou de le retrouver, car on considère qu'ils ont déjà été unis par le passé. Pour les initiés de la kundalini, Shakti et Shiva sont des métaphores des deux aspects de nous qui sont aussi essentiels. Nous sommes matériels, humains et puissants (Shakti). Nous sommes aussi immatériels, divins et conscients (Shiva). Le but est d'atteindre l'illumination, un état de béatitude. D'un point de vue énergétique, ce processus est très physique et nécessite de brasser des énergies électrochimiques qui activent notre système nerveux, ce qui pourrait causer des effets bouleversants comme des douleurs, de l'émotivité, la maladie, une intensification de la sexualité et une confusion identitaire, mais aussi de grandes transformations de la personnalité, des guérisons, des moments méditatifs et un grand sentiment d'amour.

Du point de vue énergétique, cet « éveil de la kundalini » est causé par la stimulation des chakras par la kundalini. À

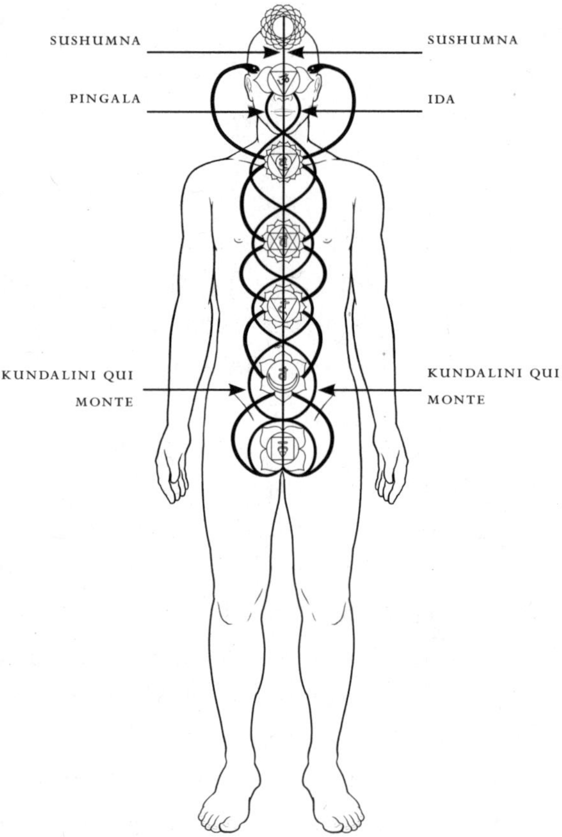

ILLUSTRATION 5 :
Les trois principaux nadis et la kundalini

mesure que les chakras sont éveillés, la kundalini déclenche des sentiments réprimés, de la confusion et des désordres physiques et mentaux ainsi que des questions spirituelles. Il faut régler toutes ces choses avant que l'éveil de la kundalini puisse s'achever.

Les nadis sont un des facteurs qui stimulent la rotation des chakras puisqu'ils sont en constante interaction avec les énergies du corps et de l'environnement, mais aussi parce que lorsque le prana ou la kundalini traversent les nadis, ils stimulent le mouvement des chakras. Lorsque la kundalini est très active, les chakras peuvent bouger de manière presque violente et créer de grands bouleversements.

Il existe trois blocages principaux que la kundalini doit traverser en route vers la maison du haut, ou le chakra couronne. Ces granthis (nœuds) doivent être défaits pour que la kundalini puisse continuer son chemin. Le premier granthi, à la base de la colonne vertébrale, est le granthi Brahma, du nom du dieu de la création. Il faut avoir affronté ses désirs liés aux sens et à la manifestation pour traverser ce granthi. Le deuxième granthi se situe au niveau du quatrième chakra et porte le nom du dieu de la conservation, Vishnou. Pour franchir ce nœud, l'initié doit être capable de penser aux autres plutôt que seulement à lui. Le dernier granthi, Rudra, se trouve au niveau du sixième chakra et fait référence au dieu de la destruction. La kundalini peut ouvrir cette voie chez quelqu'un une fois qu'il a saisi les vérités supérieures.

Pour les hindous, l'illumination est atteinte après qu'on a percé les cinq voiles, ou koshas, qui nous séparent de l'état divin. Il faut traverser ces enveloppes pour fusionner avec le Divin. Ces couches entremêlées nous offrent des plans de cours, des occasions d'acquérir de la sagesse grâce aux expériences que l'on vit. Voici les cinq couches :

Annamaya Kosha : Le corps physique. La physicalité nous enseigne le respect de notre corps et de celui des autres, ainsi que de nos possessions et de celles des autres.

Pranayama Kosha : Le corps du souffle ou de la force vitale. Cette enveloppe invisible est activée lorsqu'on accorde notre respiration avec le corps physique.

Manomaya Kosha : Le corps mental. Cette enveloppe nous demande d'être responsables sur le plan mental, en apaisant et en recadrant nos pensées négatives et notre système nerveux plutôt que d'agir de manière impulsive.

Vijanamaya Kosha : Le corps de sagesse. Ce corps subtil améliore notre conscience de la vérité.

Anandamaya Kosha : Le corps de félicité. Cette enveloppe est activée lorsqu'on se permet de vivre la beauté et la vérité de chaque moment.

Dans la deuxième partie, vous découvrirez des exercices pour apprendre à utiliser vos koshas. Je n'y propose aucun exercice pour la kundalini, car cette énergie peut s'avérer trop puissante pour certaines situations ou personnes. Je sais toutefois que tout le travail que vous ferez sur vos chakras apaisera l'énergie de la kundalini, vous aidera à débloquer les granthis et permettra une saine production de kundalini.

Jusqu'ici, nous nous sommes concentrés sur les canaux et les énergies subtils, ainsi que sur les constructions énergétiques qui y sont liées dans la vision hindoue. En médecine traditionnelle chinoise (MTC), on utilise le mot « méridien » plutôt que « nadis » pour les canaux subtils et « chi » plutôt que le terme indien « prana » pour l'énergie vitale.

Les corps subtils les plus connus de la MTC sont les points d'acupuncture. Ils se situent le long des méridiens et servent de porte d'entrée pour interagir avec ceux-ci. On y parvient par le massage, l'acupression et l'acupuncture. Certains professionnels croient que les nadis et les méridiens sont des canaux équivalents, alors que d'autres croient plutôt qu'il s'agit de deux choses différentes. Certains considèrent que certains points d'acupuncture sont l'équivalent des chakras, alors que d'autres affirment qu'il s'agit de deux choses tout à fait différentes. Quoi qu'il en soit, le concept d'un corps physique qui est composé d'organes et de canaux subtils existe un peu partout dans le monde.

Champs énergétiques subtils

Un tiers de l'anatomie subtile est constitué des champs énergétiques. Le corps produit d'innombrables champs énergétiques. Le champ subtil le plus connu est le champ énergétique humain ou champ aurique humain. Il est représenté dans l'illustration 6.

Le champ aurique est en réalité une émanation des chakras. Chaque chakra génère un champ aurique qui sert de filtre énergétique et de barrière de protection pour lui-même et pour l'ensemble de la personne : corps, esprit et

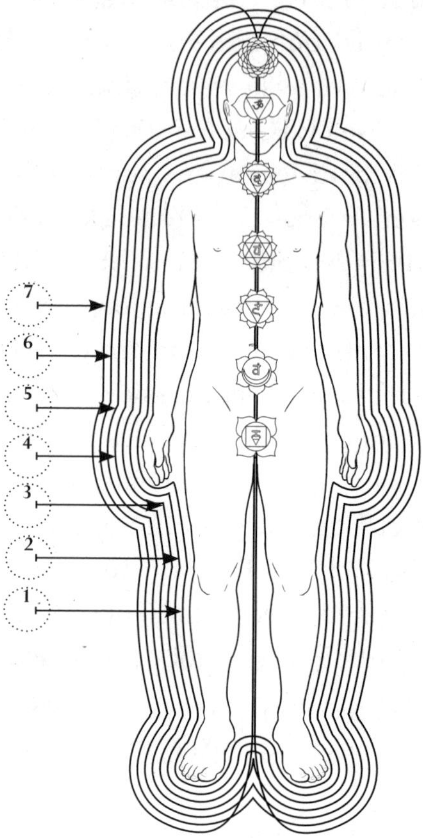

ILLUSTRATION 6 : *Les sept champs auriques*

âme. Le chakra programme son champ en se fondant sur l'information issue de ses roues intérieure et extérieure, et le champ aurique « décide » ensuite quelles énergies laisser entrer, absorber ou dévier. Le champ aurique envoie aussi des messages énergétiques vers le monde.

Les champs auriques encerclent le corps couche par couche. Ainsi, le premier chakra correspond au premier champ aurique qui se trouve sous la peau et juste à l'extérieur de celle-ci. Le deuxième chakra est en relation avec le deuxième champ aurique, qui recouvre le premier champ aurique, et ainsi de suite. Beaucoup de gens, lorsqu'ils souhaitent travailler sur les chakras, se concentrent plutôt sur les champs auriques, puisque l'effet se fera sentir dans les chakras associés. Dans la deuxième partie, vous apprendrez quelques exercices qui intègrent les champs auriques.

Les chakras sont joliment disposés, chacun constituant un organe structuré fait de grâce et de complexité. Ils font aussi partie intégrante d'une famille étendue. Comme les étoiles, chacun d'eux brille de manière indépendante, mais ensemble, ils forment une constellation qui génère une grande énergie. Dans le prochain chapitre, vous découvrirez chacun de ces merveilleux chakras et leurs particularités.

RÉSUMÉ

Les chakras sont des unités séparées qui partagent la même structure. Chacun d'eux a sa propre bande de fréquences et produit à l'avant et à l'arrière du corps des vortex qui peuvent tourner dans le sens horaire et antihoraire. La partie avant des chakras gère la réalité quotidienne, et l'arrière s'occupe des sources d'information historiques, inconscientes et mystiques.

Le côté gauche des chakras gouverne les aspects féminins, tandis que le côté droit est associé aux aspects masculins. De plus, les chakras ont une roue extérieure qui permet la survie et l'adaptation et une roue intérieure qui apporte une dimension spirituelle.

Les chakras ne fonctionnent pas de manière isolée. Ils forment l'une des trois structures de l'anatomie énergétique subtile, qui comprend les champs et les canaux subtils. Il existe également d'autres structures énergétiques dans l'anatomie. « Kundalini » est un des termes utilisés pour nommer l'énergie spéciale qui active l'ensemble de ce système et permet un fonctionnement supérieur. Tout ce système compose un réseau énergétique complexe aussi puissant que l'anatomie du corps physique avec laquelle il est en interaction.

Chapitre 3

LES SEPT CHAKRAS HINDOUS CLASSIQUES

Les sept chakras corporels, qui forment ce qu'on appelle communément le « système hindou classique » ou « système hindou traditionnel », constituent la fondation de notre connaissance sur les chakras. C'est par ces chakras que nous pouvons nous enraciner dans la vie et évoluer pour devenir les personnes que nous sommes destinés à être.

Ce chapitre vous fera découvrir ces sept chakras corporels. Notre compréhension de ceux-ci a évolué au fil des siècles. Au départ, on les représentait sous forme de roues de chars qui roulent dans la poussière, puis comme des vaisseaux de lumière, de son, d'énergie et de conscience. Dans ce chapitre, les visions anciennes et contemporaines vous seront exposées. J'ai choisi quelques éléments qui nous seront utiles pour les exercices de la deuxième partie.

Si vous souhaitez consulter une analyse approfondie, je vous recommande la lecture du livre *La bible de la guérison par les chakras,* qui est la source d'une bonne partie du matériel présenté ici. Peu importe l'angle que vous souhaitez adopter, chaque aspect des chakras met en lumière l'être en évolution que vous êtes.

Perspectives sur les chakras

Combien existe-t-il de façons d'examiner et d'expliquer les chakras ? Ce chapitre expose plusieurs visions traditionnelles et modernes.

Nom sanskrit : Tous les chakras hindous ont un nom sanskrit qui a une signification.

Emplacement : Les descriptions incluent la région du corps, le plexus nerveux associé et les structures physiques avoisinantes.

Objectif : Résumé des tâches du chakra.

Couleur : La couleur fait référence à la bande de fréquence vibratoire sur laquelle un chakra émet et fonctionne.

Glande associée : Tous les chakras sont liés à une glande endocrine ou hormonale ; les tâches de ces glandes sont brièvement expliquées.

Parties du corps associées : Exemples de structures, de fonctions et d'organes du corps sur lesquels ce chakra a un effet.

Maladies associées : Exemples de maladies et de troubles associés à chaque chakra.

Activation du chakra : De nombreux spécialistes considèrent que chaque chakra est pleinement éveillé ou activé à un moment précis de notre vie. Cette information permet de lier des problèmes physiques, psychologiques et spirituels à un chakra et d'évaluer à quel âge ils se sont produits. Je présente les hypothèses hindoues les plus communes, ainsi que ma vision, fondée sur la recherche et mon travail.

FONCTIONS PSYCHOLOGIQUES : Les fonctions émotionnelles et psychologiques d'un chakra. Vous lirez une brève présentation des contributions psychologiques du chakra et des comportements négatifs qu'il peut générer, ainsi qu'une explication de ce qui se passe quand un chakra est équilibré.

ARCHÉTYPES : Des symboles qui illustrent les aspects positifs et négatifs du chakra. Ces archétypes sont utilisés pour de nombreux exercices de la deuxième partie.

DIEU ASSOCIÉ : Les traditions classiques et tantriques assignent un ou des dieux hindous à chaque chakra. On peut les invoquer lorsqu'on travaille avec un chakra.

DÉESSE ASSOCIÉE : Comme nous l'avons mentionné ci-dessus, une ou des déesses sont assignées pour chaque chakra.

PLANÈTE ASSOCIÉE : Chaque chakra subit l'influence d'une planète en particulier. Ce chapitre établit un lien entre les planètes connues des Occidentaux et les chakras, s'inspirant des associations les plus populaires. Il est possible d'utiliser ces renseignements lorsqu'on travaille avec l'astrologie.

GRANTHI : Ces « nœuds » énergétiques, qui sont associés à trois chakras, doivent être dénoués afin que la kundalini puisse monter au travers des chakras.

ÉLÉMENTS CONSTITUANTS : La plupart des chakras sont liés à un élément. Ce sont les ingrédients qui composent la réalité. Il existe cinq éléments physiques ou denses appelés *bhutas :* la terre (*prithvi*), l'eau (*jal*), le feu (*agni*), l'air (*vayu*) et l'éther (*akasha*), pour les hindous. Voici quelques caractéristiques qui permettent de les décrire :

Élément dense : Élément physique lié au chakra, lorsqu'il y en a un.

Couleur de l'élément : Chaque élément est décrit par une couleur. C'est souvent une couleur différente de celle attribuée à son chakra associé, mais qui s'y marie bien et qui en soutient les principales vibrations. Vous pouvez vous concentrer sur la couleur de l'élément si vous souhaitez renforcer un chakra.

Son de l'élément : Le son-semence, ou *bija* mantra, est généré par l'élément à l'intérieur du chakra. Il peut être utilisé pour purifier, équilibrer, guérir ou créer une réalité par un chakra.

Porteur de son : Il s'agit d'un animal qui transporte le son-semence. Il symbolise la qualité du chakra. On peut toujours imaginer cet animal lorsqu'on souhaite renforcer un chakra.

Pétales : Pour illustrer un chakra, on utilise l'image d'un lotus, ou *padma,* avec un nombre précis de pétales. Les pétales reflètent les nadis associés au chakra. Le mouvement de l'énergie dans les nadis fait partie de la formule qui fait tourbillonner le vortex d'un chakra. (Les pétales sont souvent associés à d'autres sons, lettres, divinités, significations, etc., mais cet aspect n'est pas traité dans ce livre.)

SYMBOLES/YANTRA : On explique les chakras à l'aide de différents symboles. Le plus traditionnel est le *yantra,* un ensemble de symboles à l'intérieur d'un dessin géométrique. On peut utiliser un yantra pour se concentrer sur un chakra pendant la méditation. Dans ce livre, je vous propose la représentation de base du yantra.

HABILETÉS SPIRITUELLES : Quelques-unes des qualités spirituelles associées à chaque chakra sont exposées, dans une perspective contemporaine.

CHAMP AURIQUE ASSOCIÉ : Tous les chakras sont associés à un champ aurique (ou le génèrent). Vous pouvez travailler avec un champ pour renforcer le chakra associé puisqu'il reflète les problèmes liés au chakra.

Muladhara
Premier chakra hindou

Le *muladhara* est souvent appelé « chakra racine » ou « chakra de la base ». Ce n'est pas étonnant, puisqu'il établit des racines avec notre héritage pour qu'elles servent de fondement à notre identité personnelle.

Ce chakra très interactif est le nid où la kundalini endormie demeure lovée jusqu'à son activation. C'est aussi la base de l'ida, de la pingala et de la sushumna, les trois nadis qui véhiculent le *prana* (l'énergie vitale) ainsi que la kundalini après son éveil. En gros, le *muladhara* est notre centre primaire, responsable de notre sécurité et des besoins matériels de base. Il est aussi considéré comme le point d'entrée du karma de l'âme, c'est-à-dire des problèmes que l'on traîne d'une vie à l'autre. Ce chakra nous permet de régir notre énergie vers la carrière et la réussite financière, de nous engager dans des relations amoureuses et sexuelles, et de nous exprimer physiquement dans le monde.

NOM SANSKRIT : *Muladhara* est formé de *mul* (base) et *adhara* (soutien). C'est le chakra qui nous aide à vivre au quotidien.

EMPLACEMENT : Ancré à la base de la colonne vertébrale, ce chakra est lié au plexus nerveux sacro-coccygien, et on le situe habituellement dans la région des hanches et de l'aine.

OBJECTIFS : Physicalité et survie.

COULEUR : Rouge.

GLANDES ASSOCIÉES : Surrénales, qui régulent notre réponse au stress.

PARTIES DU CORPS ASSOCIÉES : Le *muladha*ra est responsable des hanches, des os, des muscles, des articulations, du coccyx et des vertèbres coccygiennes, de la vessie, de l'anus, du rectum, du gros intestin et, en général, du système d'élimination et des membres inférieurs. Il collabore aussi avec d'autres chakras pour réguler la prostate, les reins et les parties génitales.

MALADIES ASSOCIÉES : Pensez à la région des hanches, aux muscles et aux membres inférieurs, et vous aurez une bonne idée de la plupart des maladies liées au premier chakra, qui incluent les hémorroïdes, la constipation, la sciatique, la fibromyalgie, la fatigue chronique et les troubles de l'alimentation. Il est aussi lié aux maladies de jambes (comme les varices et les problèmes de genoux et de pieds), à l'arthrite, aux problèmes de peau, aux troubles osseux, à tout ce qui concerne les intestins, au bas de la colonne vertébrale et à bien d'autres problèmes. Tout ce qui peut mettre la vie en danger est aussi lié au premier chakra, que ce soient des dépendances ou des maladies mortelles.

ACTIVATION DU CHAKRA : Selon les systèmes hindous, son activation se produit entre l'âge d'un an et de sept ans. Dans mon système, elle se produit quelque part entre la gestation et l'âge de six mois.

FONCTIONS PSYCHOLOGIQUES : Le chakra *muladhara* est d'abord et avant tout responsable de la sécurité et de la protection. Mais pour nous sentir en sécurité, nous devons savoir que nous méritons d'exister. Quelqu'un qui n'a pas vu ses besoins comblés en bas âge, ses sentiments de base comme la peur, la colère, la tristesse, la joie et le dégoût peuvent facilement se transformer en sentiment d'abandon, de terreur, de désespoir, de honte, de culpabilité et faire en sorte qu'il lui soit difficile d'assouvir ses désirs. À l'inverse, quelqu'un qui a reçu de bons soins durant l'enfance aura pour émotions de base la satisfaction, le contentement et la conscience de soi.

ARCHÉTYPES : L'archétype positif est la mère, l'énergie de l'amour maternel qui nourrit et est plein de compassion. L'archétype négatif est celui de la victime, dont l'apitoiement sur soi entraîne les autres dans une toile de manipulation.

DIEU ASSOCIÉ : Brahma, le créateur du monde.

DÉESSE ASSOCIÉE : Dakini, la Shakti (compagne) de Brahma. C'est la gardienne de la réalité physique.

PLANÈTE ASSOCIÉE : Saturne, qui nous enseigne à établir les limites dans le monde réel.

GRANTHI : Le *muladhara* se situe dans le Brahma granthi, ou nœud de Brahma. Celui-ci nous incite à nous libérer de l'illusion qui nous fait percevoir la terre comme une prison et à tenter de la transformer en paradis sur terre.

ÉLÉMENTS CONSTITUANTS : Voici les principaux éléments constituants du premier chakra :

Élément dense : La terre, le plus primaire des éléments ; il peut être perçu par les cinq sens physiques.

Couleur de l'élément : Jaune.

Son de l'élément : Lam.

Porteur de son : L'éléphant (*airvata*), qui représente l'abondance et la sagesse.

Pétales : Le lotus comporte quatre pétales. Ils sont rouges avec des lettres dorées.

Symboles/Yantra : Le yantra (symbole représentatif) est un carré jaune entouré de quatre pétales rouges et de huit lances qui représentent les huit directions. Un triangle pointant vers le bas et contenant le *bija*, symbole semence, se trouve à l'intérieur du carré.

Habiletés spirituelles : Les habiletés intuitives du *muladhara* sont l'empathie physique (ressentir les sensations ou les besoins physiques d'autrui), la psychométrie (obtenir de l'information par le toucher), la télékinésie (faire bouger des objets avec son esprit), la lévitation (faire flotter des objets dans les airs), la pyrokinésie (allumer un feu avec son esprit), la radiesthésie (trouver des objets ou de l'eau dans le sol), la clairtangence (connaître ce qui n'est pas présent), clairaliance (sentir clairement les odeurs), et plusieurs autres.

Champ aurique associé : Le premier champ aurique se trouve juste sous et au-dessus de la peau.

Svadhisthana
Deuxième chakra hindou

Si le *muladhara* représente notre système racinaire, le *svadhisthana* – ou chakra sacré – est la plante en fleurs que nous devenons. Et quels sont les fruits de l'amour, si ce ne sont pas les sentiments et la créativité ?

C'est ce chakra qui nous permet de ressentir nos émotions et de reconnaître celles des autres grâce à l'élément de l'eau qui apporte une fluidité relationnelle et nourrit notre créativité. C'est grâce à ce chakra si nous pouvons vivre notre sensualité, et remplir notre monde de sens et d'expériences.

NOM SANSKRIT : *Svadhisthana* est composé de deux radicaux : *sva* qui signifie « soi » et *adhisthana* qui signifie « lieu d'habitation, siège ou résidence ». Ensemble, ça donne la « demeure du soi ».

EMPLACEMENT : Ancré dans le ventre, ce chakra se trouve dans la partie supérieure du sacrum, dans l'os triangulaire de la colonne vertébrale, entre les deux os iliaques. Les plexus nerveux associés sont le sacré, l'hypogastrique et le prostatique.

OBJECTIFS : Émotions et créativité.

COULEUR : Orange.

GLANDES ASSOCIÉES : Les glandes du deuxième chakra sont les gonades. Chez l'homme, ce sont les testicules, qui produisent la testostérone et le sperme, et chez la femme, les ovaires, qui stockent les ovules et fabriquent l'estrogène et la progestérone.

PARTIES DU CORPS ASSOCIÉES : Ce chakra régit les organes sexuels, comme l'utérus, le vagin, le col de l'utérus et les testicules ; le bassin et les vertèbres inférieures ; l'appendice et l'intestin supérieur ; ainsi que la prostate, les reins et les organes digestifs.

MALADIES ASSOCIÉES : Les principaux troubles sont liés aux systèmes reproducteur et urinaire ; ainsi qu'aux menstruations, au bas du dos, aux dysfonctions sexuelles et à toutes les maladies des intestins et celles en « ites », comme la diverticulite.

ACTIVATION DU CHAKRA : Selon le système hindou, ce chakra est activé entre 7 et 14 ans. Selon mon système, cela se produit entre six mois et deux ans et demi.

FONCTIONS PSYCHOLOGIQUES : Le *svadhisthana* permet la création de liens et nous aide à entretenir des relations. Il est évident que, à la base de tout lien, il y a les sentiments. Et c'est par notre deuxième chakra que nous savons ce que ressentons et percevons ce que les autres ressentent. C'est aussi grâce à lui que nous satisfaisons notre nature sensuelle en savourant les ambiances, les saveurs, les arômes et les sensations qui nous font sentir vivants. Les sensations sont à la base de nos inclinations et expressions créatives, qu'il s'agisse de peindre avec des couleurs ou d'avoir des pensées imaginatives. Elles peuvent aussi causer la dépression, l'anxiété, l'avidité, l'envie, le blâme, la honte et la haine de soi.

ARCHÉTYPES : L'archétype positif est l'empereur ou l'impératrice, ce qui reflète notre capacité à gouverner nos désirs. L'archétype négatif est le martyr, qui manipule les émotions des gens à ses propres fins.

DIEUX ASSOCIÉS : Brahma, la divinité suprême, en tant que créateur de connaissance, ou Vishnu, le seigneur de la préservation.

DÉESSE ASSOCIÉE : Rakini, une forme de Shakti et la source d'inspiration pour l'art et la musique.

PLANÈTE ASSOCIÉE : Pluton, qui est transformationnel.

GRANTHI : Aucun.

ÉLÉMENTS CONSTITUANTS : Voici les principaux éléments constituants du deuxième chakra :

Élément dense : Eau.

Couleur de l'élément : Transparent, blanc ou bleu pâle.

Son de l'élément : Vam.

Porteur de son : Le crocodile (*makara*), symbole de la sensualité et de la puissance sexuelle.

Pétales : Il y a six pétales vermillon.

SYMBOLES/YANTRA : Le yantra est constitué d'un croissant argent, qui symbolise la lune, à l'intérieur d'un cercle blanc, qui représente l'eau.

HABILETÉS SPIRITUELLES : Les habiletés spirituelles sont la clairempathie (percevoir les émotions d'autrui), la clairconnaissance (connaître clairement), la clairaliance (sentir clairement les odeurs), la clairscentience (ressentir les choses clairement) et la clairtangence (connaître ce qui n'est pas présent).

CHAMP AURIQUE ASSOCIÉ : Le deuxième champ aurique encercle le premier champ aurique.

Manipura
Le troisième chakra hindou

Le *manipura*, qui est dans le plexus solaire et englobe notre système digestif, fait beaucoup plus que simplement digérer et assimiler la nourriture. Perçu comme étant le cerveau du corps, le *manipura* absorbe également l'information psychique et organise les données linéaires, ce qui nous permet de former des pensées qui règlent notre vie. Cette source de croyances dirige notre carrière, notre estime personnelle, notre confiance en soi et notre réussite matérielle.

NOM SANSKRIT : *Manipura* est formé de *mani* « joyau » et de *pura* « demeure ».

EMPLACEMENT : Ancré dans les plexus solaire et gastrique, ce chakra est souvent appelé « chakra du plexus solaire » ou « chakra du nombril ».

OBJECTIFS : Mentalité, pouvoir personnel, volonté.

COULEUR : Jaune.

GLANDE ASSOCIÉE : Le pancréas, qui sécrète l'insuline et diverses enzymes digestives.

PARTIES DU CORPS ASSOCIÉES : Le *manipura* gère les organes et le système digestif, la respiration, le diaphragme, le milieu de la colonne vertébrale, l'intestin grêle, la peau et une partie des reins.

MALADIES ASSOCIÉES : Les problèmes liés au *manipura* affectent souvent le système digestif et peuvent causer le diabète, une pancréatite, des ulcères, des troubles alimentaires, du reflux, de l'hypoglycémie et d'autres troubles. Ce chakra joue aussi un rôle pour l'hépatite, la fatigue chronique, les troubles musculaires et la tension artérielle basse.

ACTIVATION DU CHAKRA : Les hindous considèrent que l'activation du *manipura* s'effectue entre 14 et 21 ans. Selon mon système, ce chakra s'éveille entre deux ans et demi et quatre ans et demi.

FONCTIONS PSYCHOLOGIQUES : Le *manipura* constitue un bassin de pensées et de croyances qui se marient pour former les habitudes et les comportements, lesquels créent les jugements, les opinions et les actions. Les pensées du troisième chakra se combinent aux sentiments du deuxième chakra afin de créer les émotions. Des émotions saines servent de fondation au pouvoir personnel, à l'estime de soi, à la confiance en soi et à la réussite dans le monde. Mais si nos émotions sont inappropriées ou malsaines, on risque de devenir critique, manipulateur et dominateur.

ARCHÉTYPES : L'archétype positif est le guerrier, qui avance dans la vie avec force et courage. L'archétype négatif est le serviteur qui se perd dans les désirs des autres.

DIEU ASSOCIÉ : Rudra est la forme courroucée de Shiva, qui représente le pouvoir de la destruction.

DÉESSE ASSOCIÉE : La shatki Lakini est la forme empathique de Kali, la déesse féroce.

PLANÈTE ASSOCIÉE : Le soleil, qui dans des temps anciens était une planète et qui reflète l'individualité et l'expressivité.

GRANTHI : Aucun.

ÉLÉMENTS CONSTITUANTS : Les principaux éléments composant le *manipura* sont :

Élément dense : Feu.
Couleur de l'élément : Rouge.
Son de l'élément : Ram.
Porteur de son : Le bélier, qui transmet des qualités comme le pouvoir, la force et le courage.
Pétales : Le *manipura* a 10 pétales bleus.

SYMBOLES/YANTRA : Le cœur de ce yantra est un triangle pointant vers le bas à l'intérieur d'un cercle. De chaque côté du triangle, un « T » sert de portail au feu de la vie qui permet la transformation.

HABILETÉS SPIRITUELLES : Le *manipura* apporte la clairconnaissance (connaître clairement) et la pyrokinésie (allumer un feu par l'esprit).

CHAMP AURIQUE ASSOCIÉ : Le troisième champ aurique englobe le deuxième champ aurique.

Anahata
Quatrième chakra hindou

Celui qu'on appelle le « chakra du cœur », l'*anahata*, est situé au centre des chakras et est considéré comme étant le nid du vrai Moi. Les leçons du cœur sont nombreuses, dont l'amour de soi et d'autrui, et la capacité à suivre les désirs de son cœur. C'est dans le cœur que se produit la véritable alchimie de la kundalini, qui est la transformation du plomb (ce qui nous a blessés) en or (la sagesse acquise).

NOM SANSKRIT : *Anahata* signifie « son spontané » ainsi que « non blessé » et « non battu ».

EMPLACEMENT : Lié au plexus cardiaque, l'*anahata* se situe entre les seins, dans la région du cœur.

OBJECTIFS : Amour et guérison.

COULEUR : Vert.

GLANDES ASSOCIÉES : L'*anahata* est associé au cœur, le centre du système cardiovasculaire. Certains spécialistes le situent dans le thymus, qui soutient le système immunitaire.

PARTIES DU CORPS ASSOCIÉES : Le quatrième chakra gère le cœur, le système circulatoire, les poumons, les côtes, la poitrine, les épaules, les bras, les mains, le sang, le milieu du dos et des parties du diaphragme et de l'œsophage.

MALADIES ASSOCIÉES : L'*anahata* est associé aux maladies qui affectent le cœur, le système cardiovasculaire, les poumons, la poitrine, le péricarde, les côtes, la colonne thoracique, le thymus, le haut du dos, les épaules et les bras.

ACTIVATION DU CHAKRA : La philosophie hindoue considère que ce chakra devient actif entre 21 et 28 ans. Selon mon système, c'est plutôt entre quatre ans et demi et six ans et demi.

Fonctions psychologiques : Le cœur gère les émotions et les vertus élevées, nous orientant vers l'appréciation, la gratitude et la compassion. Le manque d'amour envers soi et envers autrui peut mener à l'égoïsme, au ressentiment et à la négativité. Ces problèmes vont donner lieu à des relations difficiles et insatisfaisantes.

Archétypes : L'archétype positif est l'amoureux, qui se nourrit d'émotions élevées et d'idéalisme. L'archétype sombre est l'imposteur, qui enjolive ses beaux côtés afin de cacher ses insécurités.

Dieu associé : Ishana Rudra Shiva, appelé aussi Isvara, encourage la connaissance de soi.

Déesse associée : La shatki Kakini, qui dynamise par les émotions.

Planète associée : Vénus, la planète de l'amour.

Granthi : Le Vishnu granthi sert de portier lors de l'éveil de la kundalini. Les nœuds se défont par l'acceptation de ses responsabilités et la capacité d'être empathique.

Éléments constituants : Les principaux éléments de l'*anahata* sont :

Élément dense : L'air.
Couleur de l'élément : Incolore, gris ou vert terne.
Son de l'élément : Yam.
Porteur de son : L'antilope noire, ou gazelle, qui sert le cœur avec sa rapidité et sa grâce.
Pétales : Il a 12 pétales vermillon.

Symboles/Yantra : Le yantra de ce chakra est formé d'une fleur de lotus gris fumé avec 12 pétales qui entoure un *shaktona*, le symbole de la masculinité et de la féminité unifiées. Le shaktona est un hexagramme formé de triangles superposés.

Habiletés spirituelles : Les principaux dons liés à l'*anahata* sont les suivants : l'apantomancie (interprétation des rencontres fortuites avec des animaux), la projection astrale (voyage hors du corps), la chiromancie (interprétation des lignes de la main), la clairempathie (percevoir les émotions d'autrui), la guérison énergétique, la guérison avec les mains et l'hypnose.

Champ aurique associé : Le quatrième champ aurique se trouve par-dessus le troisième.

Vishuddha
Le cinquième chakra hindou

Nom sanskrit : *Vishuddha* signifie « purification ».

Emplacement : Le *vishuddha* est aligné avec les plexus laryngé et carotidien et se trouve au milieu de la gorge.

Objectifs : Communication et expression.

Couleur : Bleu.

Glandes associées : La thyroïde, une glande en forme de papillon située dans la gorge. Elle sécrète les hormones thyroïdiennes et influence le métabolisme, la croissance et la température corporelle. La parathyroïde, qui métabolise le calcium, est la glande associée secondaire.

Parties du corps associées : Le *vishuddha* a un effet sur le cou, la mâchoire, les oreilles, les dents, la bouche, la trachée, les cordes vocales, les glandes parathyroïde et thyroïde, les vertèbres cervicales, des parties de l'œsophage et le haut des épaules.

Maladies associées : Les troubles liés à un déséquilibre du cinquième chakra comprennent tous les problèmes de bouche, comme les maux de gorge, la laryngite, les troubles de l'articulation temporo-mandibulaire (ATM), les problèmes de gencive et de dents, les dysfonctions de la thyroïde, les affections des oreilles, comme les acouphènes et les otites, et les douleurs au cou et aux épaules.

Activation du chakra : Selon le système hindou, l'activation du chakra se produit entre 28 et 35 ans. Dans mon système, elle a lieu entre six ans et demi et huit ans et demi.

Fonctions psychologiques : La communication influence presque tous les aspects de notre vie, de l'expression des émotions à l'affirmation des besoins. Comment exprimons-nous ce que nous souhaitons partager ? En fait, partageons-nous réellement ? La fonction de ce chakra est influencée par des centaines de facteurs, comme la capacité à être honnête avec soi et les autres, le bien-être émotionnel, la compassion et l'empathie envers autrui et la capacité à assumer ses responsabilités et à établir ses limites. Que ce soient les ragots et les critiques, ou encore la malhonnêteté et l'amertume, des tas de choses peuvent brimer la communication et nous enfermer dans la solitude. D'autre part, le pardon et la connaissance de soi permettent une communication claire.

ARCHÉTYPES : L'archétype positif est le communicateur, qui reçoit et diffuse l'information convenablement. L'archétype négatif est l'enfant silencieux, qui boude ou crie au lieu de s'exprimer clairement.

DIEU ASSOCIÉ : Le Dieu associé au cinquième chakra est Sadashiva sous sa forme d'Ardhvanarisvara, une divinité androgyne qui combine nos côtés féminin et masculin.

DÉESSE ASSOCIÉE : Shakini est associée à ce chakra. Elle octroie la connaissance supérieure, la communication psychique et tous les *siddhi* (pouvoirs surnaturels).

PLANÈTE ASSOCIÉE : Mercure, la planète du mental et de l'apprentissage.

GRANTHI : Aucun.

ÉLÉMENTS CONSTITUANTS : Voici les éléments du cinquième chakra :

Élément dense : L'éther, qu'on appelle aussi *akasha*, et qui combine tous les autres éléments, mais n'a ni couleur, ni odeur, ni goût. De plus, on ne peut le toucher ni le voir.

Couleur de l'élément : Pourpre cendré.

Son de l'élément : Ham.

Porteur de son : En tant qu'animal porteur, l'éléphant est très libre et peut se déplacer sur tous les plans de l'existence.

Pétales : Il y a 16 pétales, souvent décrits comme étant de couleur fumée ou violet fumé.

SYMBOLES/YANTRA : Le symbole de *vishuddha* est un croissant argent à l'intérieur d'un cercle blanc qui luit comme une lune pleine. Cette lune se trouve dans un triangle bleu ciel pointant vers le bas. Il y a 16 pétales qui entourent la lune.

HABILETÉS SPIRITUELLES : Voici quelques-uns des dons associés à ce chakra : clairaudience (entendre clairement), écriture automatique (écrire des messages dans un état de transe), communication avec l'au-delà (échanger avec les morts), exorcisme (libérer des esprits), mediumnité (servir d'intermédiaire pour un esprit), télépathie (entendre les pensées d'autrui), mégagnomie (une forme d'hypnose), xénoglossie (parler dans une langue qu'on ne connaît pas).

CHAMP AURIQUE ASSOCIÉ : Le cinquième champ aurique se trouve par-dessus le quatrième champ.

Ajna

Le sixième chakra hindou

C'est un des chakras les plus connus. On l'appelle souvent le « troisième œil », et il est lié à notre vision intérieure et psychique ainsi qu'aux fonctions de planification stratégique.

C'est par ce chakra que l'on peut prévoir l'avenir et, encore mieux, faire se réaliser nos rêves.

Les trois principaux nadis (sushumna, ida et pingala) s'unissent dans ce chakra, permettant de transcender la conscience. Libéré de la dualité, on peut désormais percevoir la beauté dans toutes choses et chez tout le monde.

NOM SANSKRIT : *Ajna* signifie « commandement » ou « convocation », ainsi que « pouvoir illimité » et « autorité ».

EMPLACEMENT : L'*ajna* est situé au sommet de la colonne vertébrale, dans le bulbe rachidien, la partie inférieure du tronc cérébral. On y accède par le point entre les sourcils.

OBJECTIFS : Vision et perception.

COULEURS : Violet ou indigo.

GLANDE ASSOCIÉE : La glande dont on parle le plus souvent en lien avec l'*ajna* est l'hypophyse. Elle sécrète des hormones de croissance, sexuelles, et autres.

PARTIES DU CORPS ASSOCIÉES : L'*ajna* est associé au cerveau, à l'hypophyse, au système neurologique, aux sinus, au thalamus ainsi qu'à des parties des oreilles, du nez et de la glande pinéale.

MALADIES ASSOCIÉES : Ce chakra est lié à des troubles de la vue, à la cécité, à la dépression, à l'anxiété, au déséquilibre hormonal, à la dyslexie et à d'autres troubles d'apprentissage, à l'insomnie, à la sinusite, aux étourdissements, à la dépression, aux troubles de tension artérielle, aux maux de tête, aux migraines, aux AVC et à plusieurs autres problèmes de santé.

ACTIVATION DU CHAKRA : Dans la philosophie hindoue, on considère que le chakra est activé entre 35 et 42 ans. Selon mon système, cela se produit entre 8 ½ et 14 ans.

FONCTIONS PSYCHOLOGIQUES : Notre sixième chakra nous permet, au bout du compte, de percevoir la vérité (et rien que la vérité). Un manque au niveau de ce chakra peut mener au déni de ses problèmes, à la codépendance, à l'amertume et au cynisme. Un excès peut causer une tendance à rêvasser et à être centré sur soi ainsi que de l'agitation. Lorsque le chakra est équilibré, il nous permet de rester dans le moment présent tout en planifiant l'avenir.

ARCHÉTYPES : L'archétype positif est le voyant, qui utilise ses perceptions extrasensorielles pour faire du quotidien quelque chose de sacré. Le critique est l'archétype négatif, avec son côté manipulateur et trop analytique.

DIEUX ASSOCIÉS : Shiva, le dieu de la destruction et de la danse divine, est considéré comme le dieu principal de ce chakra. On fait aussi référence à Ardhvanarisvara, le dieu androgyne.

DÉESSE ASSOCIÉE : Hakini, une forme de Shakti, règne dans ce chakra en dispensant de la sagesse et en effaçant les dualités.

PLANÈTE ASSOCIÉE : Neptune, planète du mystère et du psychisme.

Granthi : Le nœud de Rudra nous fait voir toute chose et toute personne comme étant sainte et sacrée. Une fois que nous avons dénoué ce granthi, la kundalini peut se hisser vers le sommet, jusqu'au chakra de la couronne.

Éléments constituants : Voici les principaux éléments constituants du chakra *ajna* :

Élément dense : La lumière.
Couleur de l'élément dense : Transparent.
Son de l'élément : Om (qu'on écrit parfois Aum).
Porteur de son : L'*ajna* n'est habituellement pas associé à un animal porteur.
Pétales : La fleur de lotus est blanche et est souvent décrite comme étant aussi fraîche qu'un rayon de lune. Elle est formée de deux pétales qui dégagent de la puissance.

Symboles/Yantra : Le yantra est un triangle qui pointe vers le bas, appelé dans ce cas *tritasra*, et se trouve au milieu d'un cercle, avec deux pétales qui forment un lotus.

Habiletés spirituelles : Il y a des dizaines de dons associés à ce chakra. Les principaux sont la clairvoyance (voir clairement), la divination (voir ou sentir la vérité), la prophétie (voir les possibilités dans l'avenir), la voyance (prédire l'avenir grâce à une boule de cristal ou à une surface réfléchissante), la lecture du tarot (découvrir la vérité dans des cartes), l'interprétation des rêves et la régression dans les vies antérieures.

Champ aurique associé : Le sixième champ aurique encercle le cinquième champ.

Sahasrara

Le septième chakra hindou

Le *sahasrara*, appelé aussi «chakra de la couronne», marque la conclusion d'un pèlerinage et une incursion dans une nouvelle voie. Shakti et Shiva – la matière et la conscience – se retrouvent dans l'éclat de ce chakra. C'est ici que prend fin notre lutte pour atteindre l'unité et que nous commençons à vivre dans un état unifié, à la fois humain et divin. Les mille pétales de ce chakra sont comme des papillons qui s'envolent vers les cieux au moment où nous ouvrons les ailes.

NOM SANSKRIT : *Sahasrara* signifie «mille», car on appelle aussi ce chakra le «lotus aux mille pétales». Le *sahasrara* contient toutes les couleurs et représente aussi «la demeure sans support».

EMPLACEMENT : Certains spécialistes situent ce chakra au sommet de la tête, et d'autres, juste un peu au-dessus. On dit aussi qu'il se trouve dans la cavité cérébrale et qu'il est lié au plexus cérébral.

OBJECTIF : Spiritualité.

COULEURS : Blanc, et parfois violet ou or.

GLANDE ASSOCIÉE : La principale est la glande pinéale, qui sécrète les hormones (et réagit à elles) qui régulent le sommeil, l'humeur, et même la conscience.

PARTIES DU CORPS ASSOCIÉES : Le *sahasrara* régule la glande pinéale, les os et les nerfs crâniens, le tronc cérébral, le plexus crânien, le cortex cérébral, le système nerveux, les organes de l'apprentissage supérieur, et d'autres encore.

Maladies associées : Les troubles associés au *sahasrara* incluent ceux qui affectent les muscles, la peau et le système squelettique ; la dépression, l'anxiété, l'insomnie et les troubles d'apprentissage ; des problèmes chroniques comme l'épuisement, l'Alzheimer, l'épilepsie, la démence, la sclérose en plaques et la maladie de Parkinson ; l'hypersensibilité à la lumière, aux sons ou à l'environnement ; les migraines et étourdissements ; les tumeurs cérébrales et les maladies mentales comme la schizophrénie, la psychose et la névrose.

Activation du chakra : Le système hindou classique considère que l'activation de ce chakra se produit entre 42 et 49 ans. Selon mon système, c'est entre 14 et 21 ans.

Fonctions psychologiques : Le *sahasrara* nous offre l'occasion d'unir nos émotions et croyances avec des vertus supérieures comme la conscience, la vérité, l'espoir et l'amour. Ces états permettent une véritable transcendance et nous élèvent au-dessus de la saleté et de la boue des constructions psychologiques comme le jugement, la haine, la discrimination, etc. C'est aussi dans ce chakra que se produisent les malédictions et la possession par des entités. Ces formes d'interférence peuvent nous empêcher de voir la lumière qui brille en nous.

Archétypes : L'archétype positif est le gourou, qui se sert des outils que sont l'intelligence et la logique pour créer un alignement avec les lois spirituelles. L'archétype négatif est l'égoïste, qui voit à peine au-delà du soi.

Dieu associé : Le seigneur Shiva régit ce chakra. Il est considéré ici comme la conscience divine suprême ou Parama-Shiva.

Déesse associée : Shakti se manifeste sous toutes ses formes dans ce chakra. Son nom final est Shankhini. C'est dans cet état qu'elle possède tous ses pouvoirs.

Planète associée : Uranus, l'agent du changement.

Granthi : Aucun.

Éléments constituants : Voici une description des éléments constituants de ce chakra :

Élément dense : Aucun.
Couleur de l'élément dense : Aucune.
Son de l'élément : Visarga (son de la respiration). Certaines sectes utilisent « NG ».
Porteur de son : Le mouvement du bindu, qui est un point au-dessus d'un croissant de lune.
Pétales : La fleur de lotus du *sahasrara* est blanche et comporte mille pétales. Dans les anciens textes sacrés, on la décrit comme étant blanche et chatoyante. Les pétales sont multicolores et disposés en 20 couches.

Symboles/Yantra : Le symbolisme du *sahasrara* est complexe. Si on simplifie, le yantra contient une lune ronde dans une lumière dorée. Un triangle lumineux est dessiné à l'intérieur de la lune.

Habiletés spirituelles : Tous les dons sont accessibles par le septième chakra. Parmi les plus connus, on trouve la prophétie (connaissance de ce qui devrait se produire), la divination (prédiction de l'avenir), l'exorcisme (libération des esprits), l'horoscopie (interprétation des cartes astrologiques) ainsi que la guérison par la foi et la guérison spirituelle.

Champ aurique associé : Le septième champ aurique recouvre le sixième champ aurique.

RÉSUMÉ

Les sept chakras corporels hindous sont d'une merveilleuse complexité. S'il était possible de résumer leur ajout à notre vie en une seule phrase, où chaque mot (ou groupe de mots) représente l'idée principale d'un chakra, voilà ce que cela donnerait :

Je (premier chakra)
Suis (deuxième chakra)
Et deviens (troisième chakra)
Amour (quatrième chakra)
En communiquant (cinquième chakra)
Une vision (sixième chakra)
Pour l'esprit (septième chakra).

Je suis et deviens Amour,
en communiquant une vision pour l'Esprit.

Si l'information sur les chakras est belle et universelle, il est encore plus agréable — et productif — de travailler avec eux. C'est ce que vous allez apprendre à faire, dans la deuxième partie du livre.

Deuxième partie

EXERCICES PRATIQUES

avec la magie des chakras

Les pages sont encore blanches, mais il y a cette impression miraculeuse que les mots sont là, dans l'encre invisible réclamant d'être révélée.

— Vladimir Nabokov

Maintenant que vous avez acquis une connaissance globale des chakras ainsi que des énergies et des structures subtiles qui leur sont liées, vous pouvez appliquer vos connaissances. Le moment est venu de libérer la magie des chakras.

En entrant en interaction avec vos chakras, vous aurez l'impression d'ouvrir un livre aux pages blanches. Les feuilles de papier vous semblent blanches, mais elles ne le sont pas ! Chaque chakra constitue une page individuelle imprimée à l'encre invisible.

Vous savez ce qui est écrit sur chaque page parce que vous avez déjà lu la première partie de cet ouvrage. Vous connaissez l'emplacement des chakras, leur couleur, leurs symboles, leurs pouvoirs physiques, psychologiques et spirituels, etc. Fort de cette information, vous pouvez passer à l'étape suivante et commencer à orienter vos chakras vers la guérison, le bonheur, la protection, des rêves ou la guidance. Les exercices de la deuxième partie sont conçus pour vous aider à atteindre ces objectifs, et bien plus encore.

Les nombreux processus qui vous seront expliqués vous permettront d'apprendre à localiser et à examiner vos chakras, ainsi qu'à invoquer une guérison. Des chapitres sont consacrés à chacune de ces questions.

Quand on parle de guérison, le soulagement du stress n'est jamais bien loin. Qui d'entre nous n'a pas besoin de méthodes rapides et créatives pour gérer les aléas de la vie et mieux profiter de ses richesses ? Vous découvrirez, au chapitre 7, différents moyens d'utiliser, entre autres, la couleur, les sons, les pierres précieuses et les huiles pour réduire le stress, en éliminer les effets et peut-être même l'accueillir avec un léger enthousiasme.

Affronter les hauts et les bas de l'existence est bien plus facile après une bonne nuit de sommeil, sujet du chapitre 8 qui se penche sur les ondes cérébrales et les états du cerveau afin de vous aider à atteindre un profond repos et une saine récupération par les chakras. L'un des éléments les plus importants, lorsqu'il s'agit de réduire le stress, est de se sentir en sécurité et de l'être réellement. Les chakras et leurs champs auriques sont indispensables à votre protection dans un monde rempli d'énergies indésirables. Le chapitre 9, en particulier, introduit une technique simple permettant d'établir des barrières énergétiques subtiles.

Une fois que nous nous sentons en sécurité, nous pouvons nous consacrer à autre chose. Par chance, les chakras sont des organes presque miraculeux quand il s'agit de manifester un désir et de bénéficier d'une guidance spirituelle. Les chapitres consacrés à ces questions deviendront sûrement vos préférés. Le chapitre 10 vous présentera des outils de manifestation, et vous découvrirez, au chapitre 11, comment vous ouvrir à la guidance spirituelle.

Vous remarquerez que dans beaucoup d'exercices, on vous demandera d'invoquer une force supérieure. J'ai choisi, pour ces pratiques, de nommer cette force « le Divin », mais n'hésitez pas à remplacer ce terme par celui de votre choix. Il peut s'agir de Dieu, d'Allah, de la Déesse, de Brahma, du Créateur, du Saint-Esprit, du Grand Esprit, de l'Univers, etc. Par ailleurs, certaines personnes conceptualisent la divinité en tant que représentation élargie d'elles-mêmes et parlent de « Moi supérieur » ou de « Moi intérieur sage ». Vous pouvez aussi nommer cet aspect « esprit » ou « essence », ce que je fais généralement lorsque je parle de la source intérieure de guidance. D'autres font appel à la vertu de l'humanité. Choisissez le terme qui convient le plus à vos croyances spirituelles.

Sachez également que tout au long des exercices, vous recevrez fréquemment des conseils pour en renforcer les effets. Lorsque cela sera possible, je vous dirai exactement à quelle étape de l'exercice vous pouvez avoir recours à l'un de ces conseils. Ces derniers vous aideront à personnaliser des exercices avec des éléments de la première et de la deuxième partie de cet ouvrage. Ils visent à amplifier l'efficacité d'un exercice et à vous offrir un contrôle créatif.

En fin de compte, quelle que soit la façon dont on utilise les techniques présentées, la source du miraculeux que nous cherchons tous se trouve dans notre capacité à entrer en contact avec des sources de bonté, d'inspiration, d'intégrité et de pouvoir. Nos chakras sont des portails idéaux pour la réalisation de cet objectif. Et c'est précisément ce qui les rend magiques.

Chapitre 4

TRAVAILLER AVEC LES CHAKRAS

Des principes de base à la localisation des chakras

L'objectif de ce chapitre est de vous préparer à toutes les façons de travailler avec les chakras. J'aborderai d'abord deux principes de base avant de vous montrer comment localiser un chakra. Ces renseignements vous seront utiles tout au long de la deuxième partie.

Le premier concept majeur à intégrer est celui de l'intention. C'est le point de départ de toute guérison et de toute manifestation. Dans pratiquement chaque exercice, on vous demandera de définir une intention ou de composer un rêve. Cette étape vitale oriente vos chakras de manière à ce qu'ils puissent réaliser vos aspirations les plus profondes.

Le second élément d'importance concerne le sens de rotation des chakras. Comme je l'expliquais dans la première partie, le sens de rotation des chakras et leur signification ne sont pas universels, bien que certains praticiens soient de cet avis. Avant d'être en mesure de détecter un chakra en fonction de son sens de rotation ou d'en examiner la signification, il est important de comprendre ce que la rotation signifie réellement. Le passage intitulé « Établir la rotation d'un chakra : sens et signification » vous éclaircira à ce sujet.

Une fois les bases établies, on peut commencer à s'amuser. Commençons à apprendre à localiser les chakras. Trois outils de base sont passés en revue : le pendule, les mains et l'intuition. Cette activité constitue une base pour le reste des exercices de ce livre. (Après tout, si vous ne pouvez pas trouver un chakra, vous ne pouvez pas vous en servir.)

Sachez que les exercices de cet ouvrage sont assez flexibles. Vous pouvez les utiliser sur vous-mêmes et sur d'autres personnes. Je vous dirai comment adapter les exercices pour ces deux cas, dans ce chapitre et dans les suivants.

Vous êtes prêt ? Alors, c'est parti !

Le pouvoir de l'intention

Tout au long de ce livre, vous serez invité à établir une intention ou à réaliser une autre activité du même genre, comme maintenir votre concentration ou créer un rêve. Si l'on veut tirer le meilleur profit du pouvoir de l'intention, il est important de comprendre de quoi il est réellement question.

Ma définition personnelle de l'intention est la suivante : l'intention est le moment qui permet à un rêve de devenir réalité. Si les chakras sont les gouvernails de notre mini univers personnel, l'intention est l'outil qui nous permet de les manier.

On trouve parmi les synonymes de l'intention les termes « attention » et « décision ». Certains décrivent aussi l'intention comme un « objectif » ou un « but », mais cela ne me semble pas tout à fait juste. Un objectif, comme un but, est orienté vers l'avenir. Établir un objectif suppose que l'on prévoit les étapes nécessaires pour l'atteindre. La création d'une intention, en revanche, est accomplie dans le « ici et maintenant ». L'intention est l'activité intérieure qui aligne les énergies physiques et subtiles afin de permettre à un désir de se concrétiser.

Les chercheurs en sciences sociales et les métaphysiciens modernes témoignent de l'importance d'exprimer une intention pour susciter un changement. Mon explication favorite de la puissance de l'intention ou de la prise de décision est associée à l'énergie subtile. Comme nous l'avons vu au chapitre 1, l'énergie subtile entre en interaction avec l'énergie physique et peut même se transformer en elle. Elle y parvient parce qu'elle a accès au monde étrange du quanta. L'intention vous place dans ce monde et, à partir de là, les possibilités sont presque infinies.

En fait, lorsque vous vous concentrez sur une intention (et que vous êtes prêt à devenir « plus » que ce que vous êtes déjà), les énergies subtiles commencent à se transformer. En réaction, la réalité physique se réorganise. En langage poétique, votre intention peut alors aligner les cieux et la terre avec votre rêve. Il est possible que votre attitude change, peut-être même votre comportement. Peut-être attirerez-vous davantage d'occasions de coopération dans votre vie. Vos chakras soutiennent ces changements comme s'ils leur donnaient du carburant.

Comment établit-on une intention? Les méthodes sont innombrables, mais elles commencent toutes par une prise de décision. La plus facile consiste à établir une intention sous forme de phrase comme « J'accepte avec joie de nouvelles possibilités d'emploi » ou « J'attire des rencontres merveilleuses ». Faites en sorte que votre désir soit aussi positif et aussi clair que possible.

Après avoir formulé une intention, il peut être utile de donner force à votre désir, en particulier si vous tirez une intention d'un exercice de ce livre et que vous souhaitez continuer à y travailler. Imaginez qu'elle s'est déjà concrétisée, dans la facilité et dans la joie. Ressentez le rêve aussi intensément que possible dans chaque fibre de votre être et communiquez-le à autant d'aspects de vous-même que possible.

Engagez votre âme en exprimant de nouveau votre intention sous forme de prière. Faites-la entrer dans votre corps en la psalmodiant à haute voix ou en dansant, imaginant que vous vivez déjà votre rêve. Inscrivez cette intention dans votre esprit en écrivant quelques lignes sur ce qu'elle signifie à vos yeux. Les techniques méditatives permettent d'accéder à l'esprit, au corps et à l'âme pour instaurer une intention dans la vie réelle. Pour cela, on peut détendre son esprit, établir un lien avec une force supérieure, respirer profondément, ou exécuter des postures de yoga. Vous pouvez aussi vous amuser à essayer diverses choses. Après tout, nous sommes aussi différents les uns des autres que le sont les flocons de neige.

L'intention fonctionne, entre autres, en harmonisant la rotation des chakras (le sens de leur vortex) afin que vous puissiez recevoir ou envoyer de l'énergie pour soutenir votre objectif. Si, par exemple, votre intention a le plus de chance de se réaliser par l'invitation d'une nouvelle occasion, le chakra en jeu devra tourner en mode réception afin que vous puissiez accepter la chance qui vient à vous. Si une intention nécessite qu'un certain chakra envoie un message au monde, il vaudra mieux qu'il soit en mode émission. Il s'agit là d'un élément qui conduit à une discussion essentielle sur la rotation des chakras et qui affectera votre façon de localiser, d'examiner et de replacer un chakra.

Établir la rotation d'un chakra
Sens et signification

Les chakras ont tous la capacité d'absorber ou d'envoyer de l'énergie. Qui n'a pas envie de recevoir de l'amour, des bienfaits, des énergies de guérison, des encouragements et des messages spirituels ? Parallèlement, il est essentiel qu'un chakra puisse libérer des toxines, des énergies superflues et des comportements destructeurs, mais aussi communiquer des messages importants au monde.

J'ai appris que les chakras tournaient dans le sens des aiguilles d'une montre quand ils recevaient de l'énergie, et dans le sens contraire lorsqu'ils en émettaient. C'est généralement vrai, mais pas toujours. (N'est-ce pas que ce serait formidable, si tout était aussi simple ?) Il existe trois mises en garde dont il faut tenir compte en ce qui concerne le sens de rotation d'un chakra, pas seulement au moment de localiser un chakra, mais aussi, et plus particulièrement, lorsque nous l'examinons et travaillons avec lui.

Tout d'abord, sachez que lorsque vous évaluez le sens de rotation d'un chakra, vous n'en évaluez que la roue extérieure, sujet abordé au chapitre 2. La roue intérieure est un point stable où notre esprit individuel rencontre le Divin. Elle est donc en parfait équilibre. Le moyen le plus sûr de créer une rotation saine au niveau de la roue extérieure est d'insuffler de l'énergie à partir de la roue intérieure. Que le résultat soit une rotation dans le sens horaire, dans le sens antihoraire ou une rotation frénétique et désordonnée, elle sera parfaite sur le moment.

Ensuite, il existe deux points de vue possibles pour examiner une rotation. Généralement, l'examen du sens rotationnel est basé sur la personne qui observe. Le moyen le plus simple de visualiser cette méthode est d'imaginer que vous regardez une horloge « collée » sur votre corps ou celui de quelqu'un d'autre. Les mouvements dans le sens horaire suivent les mouvements des aiguilles de l'horloge et les mouvements dans le sens antihoraire vont dans le sens contraire. Cependant, certains spécialistes des chakras procèdent de la façon inverse pour examiner la rotation d'un chakra. Ils se placent d'un point de vue subjectif et visualisent l'horloge à partir d'eux-mêmes ou du point de vue du sujet. Dans cet ouvrage, je conseille de visualiser une horloge posée à l'extérieur des chakras. C'est l'observation de cette horloge qui vous permettra d'examiner le sens de rotation des chakras. La méthode sera la même que vous travailliez sur une autre personne ou sur vous-même. Cependant, lorsque vous travaillez sur vous-même, la méthode la plus simple pour différencier les deux sens sera d'avoir recours à l'exercice 7 pour analyser la rotation.

Troisième mise en garde : il faut savoir que, quelle que soit la méthode que vous utilisez pour examiner le sens de rotation d'un chakra, certaines personnes sortent de la norme. Selon la plupart des spécialistes des chakras, un chakra sain tourne toujours dans le sens horaire et ne tourne dans l'autre sens que lorsqu'il est déséquilibré. Mon expérience auprès de divers sujets m'a enseigné que la plupart des chakras tournent dans le sens horaire (si l'on visualise l'horloge « collée » sur le corps) la majeure partie du temps. Cependant, pour environ 20 % des personnes avec lesquelles j'ai travaillé, un chakra sain tourne dans le sens *inverse* des aiguilles d'une montre. Leur système a tout simplement un fonctionnement différent des autres ce qui, plutôt que d'être perçu comme une erreur, est souvent le signe que la personne est un shaman, un prêtre guérisseur dont les aptitudes mystiques apportent beauté et magie à sa communauté.

Toutefois, le point sur lequel je tiens à insister, c'est qu'en fait, chez chacun de nous, les chakras passent constamment d'un sens à l'autre. Ce qui compte, ce n'est pas le sens lui-même, mais l'activité qu'il produit.

Si les spécialistes des chakras utilisent les termes « dans le sens horaire » et « dans le sens antihoraire », c'est pour savoir quand un chakra reçoit de l'énergie et quand il en émet. Comme nous l'avons vu, on considère habituellement qu'un chakra qui tourne dans le sens horaire reçoit de l'énergie et qu'un chakra qui tourne dans le sens contraire en émet. En fait, le sens de rotation du chakra importe peu. Ce qui compte, c'est que vous parveniez à déterminer, pour chaque chakra et pour chaque personne, quelle direction correspond à la réception et à l'émission d'énergie.

Ces renseignements ne sont pas vitaux lorsqu'il s'agit de localiser un chakra. Avec les exercices de ce chapitre, vous examinerez la rotation sans trop vous soucier de son sens. Mais dans les chapitres suivants, vous apprendrez comment déceler le sens « réception » et « émission » d'un chakra sans mettre l'accent sur l'aspect « sens horaire » et « sens antihoraire ». Ce sont là les connaissances essentielles que vous rechercherez.

Voyons maintenant comment trouver vos chakras avec trois techniques de base.

EXERCICE 1
Localiser un chakra à l'aide d'un pendule

L'utilisation d'un pendule est un moyen visible de découvrir un chakra. Un pendule est un poids suspendu à une ficelle ou à une chaîne. Un collier peut faire l'affaire si son pendentif est assez grand. Le poids de ce dernier doit en effet être suffisamment important pour que son mouvement soit franc. Le mouvement d'un pendule peut détecter les tourbillons de la roue extérieure d'un chakra.

La raison fondamentale pour laquelle un pendule peut révéler la présence d'un chakra et en fournir une analyse superficielle est que son mouvement est influencé par l'énergie rotative du chakra. Lorsque le poids est centré dans le tourbillon, il bouge dans le sens horaire ou antihoraire, verticalement ou horizontalement, de biais ou de toutes ces façons. Il peut décrire un cercle, ou encore révéler une circonférence restreinte ou trop ouverte. Il va de soi que son arc se déplacera aussi continuellement. Tout comme nous, la rotation d'un chakra est en constante transformation.

On peut trouver beaucoup de ses propres chakras — et tous ceux d'une autre personne — avec un pendule. La difficulté, quand on travaille sur ses propres chakras, est bien sûr d'atteindre ceux qui sont placés dans notre dos. Pour détecter ces chakras, servez-vous de l'exercice 2.

Voici des instructions pour vous permettre de trouver des chakras sur autrui et sur vous-même.

Première étape : **Quelqu'un d'autre, parties avant et arrière.** Demandez à la personne de s'allonger sur une table de massage, un canapé, le sol, ou sur tout autre surface. La personne devra s'allonger sur le dos si vous cherchez ses chakras avant, et sur le ventre si vous cherchez ses chakras arrière. Tenez-vous au-dessus de la personne et placez votre pendule à une distance variant de 5 à 15 centimètres au-dessus de l'emplacement probable du chakra. Reportez-vous à l'illustration 1 pour vous approcher de votre cible. Immobilisez le pendule et attendez ensuite qu'il commence à bouger par lui-même.

Deuxième étape : **Vous-même, partie avant.** Placez-vous en position assise ou debout. Lorsque vous testez l'un de vos propres chakras, si vous pouvez l'atteindre, tenez le pendule à une distance variant de 5 à 15 centimètres en face du site du chakra. Le poids se mettra en mouvement lorsqu'il sera pris dans le tourbillon du chakra. Si cette manœuvre peut vous aider à détecter l'un de vos chakras, il sera plus facile d'évaluer sa rotation et le sens de celle-ci en vous servant de l'exercice 7.

Troisième étape : **Vous-même, partie arrière.** Vous pouvez vous servir de la paume de votre main et de votre intention pour examiner vos chakras arrière ; reportez-vous à l'exercice 2 pour y parvenir. Une fois que vous aurez réalisé ce transfert, tenez le pendule à une distance variant de 5 à 15 centimètres au-dessus de votre paume jusqu'à ce qu'il se mette à bouger seul, vous indiquant ainsi que vous avez localisé le chakra transféré et que vous êtes maintenant prêt à l'examiner.

Exercice 2
Transférer un chakra dans le creux de sa main

Le corps abrite toute une série de chakras dits secondaires ou mineurs, et le centre des mains est particulièrement puissant. Les chakras des mains sont particulièrement chargés d'énergie, car les mains (et les bras) sont des extensions du chakra du cœur. Si vous ne parvenez pas à atteindre un chakra, qu'il s'agisse de sa partie avant ou arrière, vous pouvez aussi placer ce chakra dans votre paume et le travailler à partir de là.

Sélectionnez un chakra que vous aimeriez examiner et exprimez votre intention à voix haute : « J'établis, dans cette paume, une interaction avec mon premier chakra arrière. » Le chakra dans votre paume se transformera alors en ce chakra particulier. Une fois terminée votre interaction avec le chakra transféré, définissez une nouvelle intention : « Ma paume est maintenant libre de tout transfert. »

Exercice 3
Localiser un chakra à l'aide de ses mains

Vos mains sont une extension de votre quatrième chakra, ou chakra du cœur. À cause de leur sensibilité, les mains sont souvent capables de sentir les tourbillons des chakras et de déterminer des facteurs tels que la température, les émotions, et bien d'autres choses encore.

Cet exercice vous aidera à localiser un chakra avec les mains. Pour y arriver, il faut d'abord faire la distinction entre votre main réceptrice et votre main émettrice. La main réceptrice reçoit de l'énergie, généralement du monde extérieur, tandis que la main émettrice libère de l'énergie, généralement de l'intérieur de soi vers le monde extérieur. Servez-vous de l'exercice 4 pour différencier vos mains et réalisez ensuite cet exercice, qui comprend les étapes suivantes :

PREMIÈRE ÉTAPE : **Préparation.** Sélectionnez un chakra que vous souhaitez localiser et prenez plusieurs inspirations profondes. Frottez vos mains l'une contre l'autre et différenciez votre main émettrice de votre main réceptrice (reportez-vous à l'exercice 4).

DEUXIÈME ÉTAPE : **Chercher avec la main réceptrice.** Concentrez-vous sur la zone d'un chakra et placez votre main réceptrice à une distance de 5 à 15 centimètres de la peau. Déplacez votre main jusqu'à ce que vous sentiez les différences entre l'énergie du chakra et celle qui émane de la zone environnante. Il peut s'agir de différences de température, de texture, de sensation, de mouvement, ou même une émotion relayée à votre cœur.

TROISIÈME ÉTAPE : **Chercher avec la main émettrice.** Certaines personnes trouvent plus facile de localiser un chakra avec leur main émettrice. Placez votre main vis-à-vis la zone où vous cherchez un chakra à une distance de 5 à 15 centimètres de la peau. Envoyez de l'énergie du cœur vers la main émettrice et bougez la main jusqu'à ce que vous trouviez un endroit plus chaud, plus froid, ou simplement différent en texture, en sensation ou en émotion.

QUATRIÈME ÉTAPE : **Chercher avec les deux mains.** Vous pouvez essayer l'étape un ou l'étape deux (ou les deux), puis cesser de chercher. Vous pouvez aussi sauter ces deux étapes et chercher avec les deux mains en même temps. Pour ce faire, passez les deux mains au-dessus et autour de la zone du chakra que vous cherchez et ressentez-le. Il se peut que vous perceviez un mélange de sensations, températures, vibrations, etc.

CINQUIÈME ÉTAPE : **Continuer ou fermer.** Continuez à trouver d'autres chakras ou mettez fin à l'exercice. Vous pouvez terminer en prenant quelques profondes inspirations et en vous concentrant sur les sensations de tout votre corps avant de reprendre le cours de vos activités quotidiennes. Vous pouvez aussi passer à l'exercice 8 si vous voulez examiner un chakra avec les mains.

EXERCICE 4
Différencier sa main réceptrice de sa main émettrice

Comment différencier sa main réceptrice de sa main émettrice ? Généralement, la main gauche est réceptrice et la droite est émettrice, mais l'inverse est possible, notamment chez les gauchers.

Pour les reconnaître, secouez vos mains, puis frottez-les l'une contre l'autre. Tenez-les à environ cinq centimètres l'une de l'autre, les paumes se faisant face, et sentez l'énergie qui circule entre elles. Pouvez-vous discerner celle qui envoie de l'énergie de celle qui en reçoit ? Généralement, la main réceptrice est chaude en raison de l'énergie qui lui est ajoutée. Il se peut aussi que votre paume picote, rougisse ou démange. Votre main émettrice sera peut-être froide, étant donné qu'elle perd de l'énergie en en libérant. Il se peut que la paume pâlisse et que vous y sentiez des pulsations.

Si vous avez de la difficulté à définir vos mains émettrice et réceptrice, choisissez une main et imaginez une couleur qui en émane et se dirige vers l'autre main. Faites ensuite la même chose avec l'autre main. Visualisez physiquement le courant d'énergie. Quelle main génère la couleur et quelle main l'absorbe ? Dès que vous avez différencié vos mains, nommez-les en conséquence. Vous pouvez aussi tester vos mains à un autre moment, au cas où des circonstances de la vie les auraient fait changer.

EXERCICE 5
Localiser un chakra de manière intuitive

Comme nous l'avons vu au chapitre 3, chaque chakra est associé à divers dons intuitifs. Dans cette partie, les dons sont organisés en cinq catégories de base afin que vous puissiez vous servir de votre intuition pour localiser un chakra. Les quatre catégories principales sont l'intuition physique, spirituelle, verbale et visuelle. La cinquième catégorie est « fourre-tout » et mystique. Elle intègre les quatre autres types d'intuition. Tout au long de la deuxième partie de cet ouvrage, vous ferez appel aux mêmes capacités pour travailler avec les chakras.

Dans cet exercice, vous aurez tout d'abord une brève description de chaque don. Vous apprendrez ensuite comment les utiliser pour localiser un chakra.

Intuition physique : Les intuitifs physiques ressentent l'énergie subtile par l'empathie, créant un lien avec le monde par leur corps physique, leurs sentiments et leurs connaissances.

Intuition spirituelle : Les empathiques spirituels reçoivent les renseignements subtils par leur conscience spirituelle, en évaluant l'amour et la vertu.

Intuition verbale : Les intuitifs verbaux entendent des mots, des chants et des messages par leur « oreille intérieure » ou de manière normale, au quotidien.

Intuition visuelle : Les intuitifs visuels reçoivent des révélations qui sont psychiquement visuelles et peuvent se composer de couleurs, de formes, d'images, ou même de dramatisations de type cinématographique. Ils peuvent aussi percevoir des messages visuels spéciaux dans l'environnement.

Intuition mystique : Le mystique est un shaman, un « prêtre guérisseur » qui se sert des différentes formes d'intuition pour recevoir et fournir des renseignements, guérir et diriger des voyages interdimensionnels.

Pour faire cet exercice, sélectionnez un chakra sur vous-même ou sur quelqu'un d'autre. Prenez quelques profondes respirations et demandez à votre esprit essentiel ou au Divin d'harmoniser votre conscience. Évaluez ensuite votre chakra à l'aide des moyens intuitifs suivants :

Intuition physique : Ressentez physiquement l'emplacement du chakra. Vous pouvez le sentir dans votre corps, avoir une réaction émotive au niveau de la zone du chakra, ou encore vous « saurez » simplement où il se trouve.

Intuition spirituelle : Vous prendrez soudain conscience de la présence d'un chakra par une sagesse inexpliquée. Demandez aussi au Divin de le localiser pour vous.

Intuition verbale : Demandez à entendre les tonalités du chakra et concentrez-vous sur ces dernières. Vous pouvez aussi demander à un guide qu'il dise la réponse à votre oreille intérieure ou la relaie par une source externe.

Intuition visuelle : Demandez une vision de l'emplacement du chakra. Si vous percevez simplement une image et qu'elle n'est pas claire, vous pouvez aussi demander une légende sous l'image que vous pourrez lire psychiquement.

Intuition mystique : Passez en revue toutes les facultés intuitives que vous venez de voir et prenez le temps d'en absorber les renseignements.

Chapitre 5

ÉVALUER VOS CHAKRAS

Vous avez appris au chapitre 4 comment trouver un chakra en vous servant d'un pendule, de vos mains et de votre intuition. Le moment est maintenant venu de donner un sens à vos découvertes. Les exercices de ce chapitre sont conçus pour vous aider à examiner vos chakras à l'aide de ces trois méthodes. En ce qui concerne l'intuition, vous découvrirez également les nombreuses questions qu'un examen intuitif des chakras peut soulever. Comme pour les observations tirées des exercices avec le pendule et les mains, vous pouvez reprendre toutes les observations et vous en servir aux chapitres suivants.

N'oubliez pas que lorsque vous vérifiez le sens de rotation d'un chakra, ce qui compte réellement, c'est le sens d'émission et de réception de l'énergie. Pour cette raison, l'exercice 6 vous apprendra à utiliser un pendule afin de différencier les sens de rotation.

Exercice 6
Déterminer le sens émetteur et récepteur de l'énergie à l'aide d'un pendule

Dans ce chapitre, tout comme dans d'autres qui suivront, il vous faudra faire la différence entre le sens émetteur et récepteur de la rotation d'un chakra. Si vous travaillez sur quelqu'un d'autre, commencez par vous représenter une horloge sur le chakra que vous aurez choisi. Si vous travaillez sur vous-même, reportez-vous à l'exercice 2 et transférez le chakra dans l'une de vos paumes.

Tenez maintenant le pendule à environ 15 centimètres au-dessus du chakra. Au besoin, abaissez-le un peu jusqu'à trouver une rotation. Une fois que le poids se met en mouvement, faites une déclaration, intérieurement ou à voix haute, telle que : « J'observe une rotation réceptrice ».

Regardez dans quel sens le poids tourne et appelez ce sens votre sens émetteur ou récepteur d'énergie. Par déduction logique, le sens inverse constituera le sens émetteur ou récepteur, mais vous pouvez recommencer pour vérifier. Créez une formule telle que : « J'observe une rotation émettrice d'énergie. » Si vous le souhaitez, vous pouvez aussi attribuer les termes « dans le sens des aiguilles d'une montre » et « dans le sens inverse des aiguilles d'une montre » au sens de rotation du chakra, maintenant que vous savez quelle direction correspond à quelle action.

Vous pouvez maintenant continuer à examiner la signification des mouvements du pendule.

Exercice 7
Évaluer la rotation d'un chakra à l'aide d'un pendule

Rappelez-vous que, pour cet exercice, une rotation entrante indiquera une réception d'énergie tandis qu'une rotation sortante révélera une émission d'énergie. Localisez un chakra et servez-vous du pendule pour examiner les facteurs suivants, qui décriront la méthode de fonctionnement du chakra, qu'il soit avant ou arrière. Il est préférable d'attendre de 15 à 30 secondes avant d'interpréter le mouvement du pendule, sachant qu'il lui faut un peu de temps avant de trouver son rythme.

- ***La rotation entrante se fait à un rythme régulier dans un grand arc.*** Le chakra absorbe une énergie nécessaire.
- ***La rotation sortante se fait à un rythme régulier dans un grand arc.*** Le chakra libère une énergie indésirable.
- ***Le balancement est trop étendu.*** Si le balancement dépasse 30 centimètres de diamètre, c'est qu'il est trop large. Cela signifie que le chakra absorbe ou émet une trop grande énergie, selon le sens de la rotation.
- ***Le balancement est trop restreint.*** Un diamètre de moins de cinq centimètres est considéré comme trop restreint. Cela signifie que le chakra perçoit une

menace potentielle, mais qu'il essaye de gérer la situation.

- ***Le balancement s'arrête.*** Les chakras ne peuvent prendre une pause, mais ce chakra perçoit une menace ou un danger et se contracte en conséquence.
- ***Le balancement est irrégulier.*** Le chakra est déboussolé. (Comme la personne !)
- ***Le balancement est surtout vertical.*** Le chakra opère de façon trop spirituelle et manque d'approche pratique.
- ***Le balancement est surtout horizontal.*** Le chakra opère de façon trop terre-à-terre et manque de perspective spirituelle.
- ***Le chakra tourne vers la partie supérieure droite du corps.*** Ce chakra travaille trop du côté masculin et manque d'influence féminine.
- ***Le chakra vers la partie supérieure gauche du corps.*** Ce chakra utilise trop d'énergie féminine et manque d'influence masculine.
- ***La rotation entrante est trop rapide.*** Anxiété et peur de l'avenir (le chakra tire de l'énergie pour se préparer à un avenir potentiel).
- ***La rotation sortante est trop lente.*** Dépression, personne « coincée dans le passé » (le chakra se raccroche à une énergie du passé).

Après avoir examiné un chakra, notez vos observations principales. Continuez à tester d'autres chakras, le cas échéant.

Vous pouvez utiliser cette technique dans les chapitres suivants pour réaliser les tâches souhaitées.

EXERCICE 8
Évaluer un chakra avec les mains

Vous pouvez examiner un seul chakra, ou une série de chakras, avec vos mains. Il est évidemment plus difficile d'y parvenir avec ses propres chakras, auquel cas il faudra vous reporter à l'exercice 2.

Vous devrez aussi savoir différencier vos mains émettrice et réceptrice, comme nous l'avons mentionné dans l'exercice 4. Si vous travaillez avec la paume de la main, vous examinerez le chakra transféré avec la main opposée à celle qui tient le chakra transféré. Servez-vous de votre intention pour la faire passer du « mode réception » au « mode émission » et pour qu'elle fasse les deux.

Cet exercice est décrit pour le cas où on travaille sur quelqu'un d'autre, mais vous pouvez également le réaliser sur vous-même.

PREMIÈRE ÉTAPE : **Localiser le chakra.** Trouvez un chakra avec les mains, selon la méthode expliquée à l'exercice 3.

DEUXIÈME ÉTAPE : **Rassembler des renseignements.** Le moyen le plus complet de faire un examen par les mains est de suivre les trois étapes suivantes. Je vous recommande de les faire toutes, mais vous pouvez aussi passer directement à la troisième.

Jauger avec la main réceptrice : Faites doucement vibrer la zone du chakra avec votre main réceptrice, la déplaçant verticalement à une distance variant de 5 à 20 centimètres de la zone. Si vous travaillez sur quelqu'un d'autre, déplacez votre main horizontalement au-dessus de la zone à divers niveaux verticaux. Si vous examinez un chakra sur vous-même, je vous suggère de vous allonger et de déplacer votre main d'avant en arrière à différents niveaux verticaux. Vous examinez les limites supérieures et extérieures du tourbillon du chakra ainsi que les anomalies potentielles, telles que décrites à l'étape trois.

Analyser avec la main émettrice : En vous servant de votre main émettrice, réalisez les mêmes manœuvres qu'à l'étape précédente.

Examiner avec les deux mains : Déplacez les deux mains au-dessus de la zone du chakra, la couvrant entièrement. Vous allez maintenant pouvoir réaliser un examen basé sur l'étape trois.

TROISIÈME ÉTAPE : **Vérifier les indicateurs.** Voici les indicateurs que vous devez chercher :

Mouvements homogènes : Si l'énergie du chakra semble évoluer dans un cercle homogène avec un bon équilibre entre énergie entrante et énergie sortante, le chakra est probablement sain.

Trop peu d'énergie émise : Le chakra est contracté et n'est peut-être pas en mesure de libérer une énergie physique, psychologique ou spirituelle.

Trop d'énergie émise : Surperformance dans un domaine de la vie en lien avec le chakra. Peut aussi indiquer une fuite face à des émotions ignorées.

Trop d'énergie reçue : Désespoir dans un domaine de la vie associé au chakra.

Trop peu d'énergie reçue : Peur d'accepter ou de recevoir une énergie nécessaire.

Faible énergie : L'énergie manque ou n'est pas opérationnelle. Peut révéler un état dépressif ou une énergie volée.

Trop-plein d'énergie : Le chakra retient des énergies qu'il ne veut pas libérer. Ces énergies peuvent être les vôtres ou pas.

Picotement : Le chakra est en pleine transformation, généralement positive.

Chaleur : Le chakra est probablement en train d'absorber une énergie nécessaire à un fonctionnement ou à un changement. La chaleur peut être un signe positif ou négatif. Elle révèle souvent une inflammation ou un apport trop important en énergie. Cependant, si vous venez d'effectuer une guérison, un afflux d'énergie peut signifier que l'énergie nécessaire est en train de parvenir au chakra.

Froid : Le chakra libère probablement de l'énergie, ce qui peut être bénéfique ou nocif. Lorsqu'un chakra perd trop d'énergie, il s'affaiblit et n'est plus en mesure de remplir ses fonctions. Après une guérison, cependant, un refroidissement temporaire peut signifier que le chakra se défait d'un blocage ou d'énergies congestionnées.

Trous : Ils donnent une sensation de vide et sont le signe qu'il manque un aspect du chakra (ou de la personne).

Fuites : Elles indiquent une perte d'énergie, peut-être causée par une autre personne ou en raison d'une habitude négative.

Fissures ou déchirures : Similaires à une fuite. Si la fuite s'apparente à une plaie par perforation, elle peut trouver son origine dans un événement traumatisant ou une relation toxique. Si elle ressemble à une coupure causée par une lame de couteau, il peut s'agir d'un schéma répété de maltraitance.

Aspérités : L'énergie est congestionnée, ce qui pourrait indiquer que quelqu'un exerce une certaine manipulation.

Émotions : Il est fréquent qu'une main (ou les deux) parvienne à percevoir le sentiment principal ou les croyances qui affectent un chakra. Il est important de demander si ces sentiments ou pensées viennent de la personne (qui peut être vous) ou de quelqu'un d'autre.

Douleur : Vous pouvez ressentir de la douleur dans une main ou dans les deux mains. Cela peut se traduire par une sensation de brûlure, une douleur lancinante, sourde ou autre, et peut indiquer la présence d'une douleur physique ou psychologique trouvant son origine dans cette vie ou dans une vie antérieure.

QUATRIÈME ÉTAPE : **D'autres chakras/Fermeture.** Notez vos observations. Examinez d'autres chakras, si besoin est. Une fois que vous aurez terminé, prenez quelques grandes respirations et frottez vos mains l'une contre l'autre. Reprenez le cours de vos activités quotidiennes quand vous le souhaitez. Travaillez ensuite sur les chakras qui, selon vos observations, sont en difficulté, en sélectionnant un exercice dans un autre chapitre de ce livre. Reportez-vous au conseil n° 1 pour savoir comment revérifier vos observations avec un pendule.

Conseil nº1

Revérifier à l'aide d'un pendule

Prenez votre pendule ! Après avoir examiné le ou les chakra(s) avec les mains, vérifiez vos conclusions. Tout d'abord, testez le sens « oui » et le sens « non » du pendule. Il suffit de choisir une question dont la réponse doit être « oui » et d'observer dans quel sens le pendule se balance. On pose généralement une question du type : « Je m'appelle bien (insérez votre nom) ? » Vous pourriez aussi dire « Je suis une femme/ un homme/une fille/un garçon/marié(e)/célibataire. » Faites une double vérification du « non » en vous servant d'une assertion fausse telle que : « Mon nom est (insérez un faux nom). »

Passez maintenant en revue, sous forme de questions, la liste de conclusions ou problèmes potentiels à la suite de votre examen du chakra. Si, par exemple, vous percevez une surabondance d'énergie fuyante au niveau du second chakra, adressez-vous au pendule de la façon suivante : « Y a-t-il une perte excessive d'énergie au niveau de ce chakra ? » Faites une vérification de toutes les questions que vous voulez clarifier.

Les dons intuitifs
Que pouvez-vous examiner?

L'intuition agit comme un passe-partout tant pour examiner des chakras que pour réaliser des guérisons ou des manifestations. J'aimerais vous présenter quelques-unes des problématiques que l'intuition peut révéler. L'exercice correspondant vous aidera à examiner un chakra et à effectuer certains exercices présentés plus loin dans ce livre.

Globalement, l'intuition peut vous aider à révéler ces problématiques :

Blocages : En langage énergétique, un blocage désigne soit une énergie congestionnée, soit un trop-plein. La question est de savoir quelle énergie est bloquée. Les choix peuvent être les suivants :

- Votre propre énergie, réprimée ou compactée. Il peut s'agir de sentiments, de pensées négatives, de souvenirs, de toxines ou de microbes.
- L'énergie absorbée de quelqu'un d'autre. Un chakra peut intégrer et retenir des énergies sur la même fréquence que sa bande horizontale correspondante. Ces énergies peuvent comprendre des énergies émotionnelles, mentales et physiques d'une autre personne.

Programmes : Idées malsaines.

Habitudes : Programmes qui causent un comportement répétitif ou une réaction répétitive et inutile.

Forteresses : Les forteresses sont de vieilles habitudes qui affectent négativement un chakra et son champ aurique associé. Elles favorisent les difficultés physiques, psychologiques et spirituelles en suscitant des comportements destructeurs à répétition ou en attirant des personnes ou des situations similaires à celles qui sont à l'origine même du comportement. Les forteresses peuvent avoir une base sentimentale (stimulation des mêmes sentiments à répétition), mentale (répétition d'un processus dysfonctionnel de la pensée), émotionnelle (elles sont alors composées de sentiments et de croyances réactivés conjointement) ou spirituelle (elles affectent notre perception de notre divinité et du Divin).

Attachements : Les forteresses attirent fréquemment (et peuvent être attachées par) des contractions ou liens énergétiques souvent appelés « cordons » ou « malédictions ». D'un point de vue énergétique, ils ressemblent à des tuyaux d'arrosage et représentent une relation contractuelle malsaine. Cordons et malédictions peuvent naître entre des personnes, mais aussi entre des personnes et des entités de l'au-delà. Ils sont souvent liés à des chakras et à leurs champs auriques associés. Ces liens énergétiques se traduisent généralement par une perte d'énergie positive et l'installation d'une énergie négative.

Il faut savoir que les entités sont des âmes désincarnées. Lorsqu'elles s'en prennent aux vivants, je les appelle aussi « forces obscures » ou « interférences ». Ces entités peuvent être des fantômes (les âmes qui n'ont pas encore quitté la terre) ou des guides spirituels (des êtres qui soutiennent les vivants au nom du Divin). Les guides spirituels les plus connus sont des ancêtres (décédés) et des anges bienfaisants.

Situation causale : Les facultés intuitives constituent le meilleur moyen de trouver la période où a surgi la cause d'un problème. Comme nous l'avons vu au chapitre 2, de nombreux problèmes sont d'ordre karmique ou sont causés par des schémas liés à l'enfance, à la famille ou à l'histoire. On peut les découvrir en explorant la roue extérieure d'un chakra. Les situations causales peuvent aussi être liées à l'activation du chakra pendant l'enfance, sujet couvert au chapitre 3.

Dons ou messages positifs : Chaque chakra est doté de capacités ou de dons intuitifs particuliers, comme nous l'avons vu au chapitre 3. Par ailleurs, les chakras portent aussi le souvenir des belles choses. Débloquer un chakra à l'aide de votre intuition peut libérer une ancienne aptitude oubliée, un désir, ou encore révéler vos véritables sentiments par rapport à une situation.

Exercice 9
Évaluer un chakra à l'aide de son don d'intuition

L'objectif de cet exercice est de vous permettre de vous concentrer sur un seul chakra et de tester tous les styles intuitifs au cours de son examen. Si vous le souhaitez, vous pouvez ensuite passer à un autre chakra. Sachez que chaque fois que vous entrez en contact avec un chakra à l'aide de votre intuition, il est possible que vous changiez de style.

Commencez cet exercice dans un lieu calme en respirant profondément et en sollicitant une assistance divine. Puis, examinez intuitivement le chakra avec chacun de ces cinq styles d'intuition :

Intuition physique : Essayez de sentir le problème du chakra dans votre corps. Peut-être ressentirez-vous physiquement ou émotionnellement la présence d'un problème ou d'un don caché, ou peut-être s'imposeront-ils à vous comme une évidence ? En plus de vous donner une impression d'épaisseur et de densité, un blocage provoquera des émotions. Un attachement peut provoquer des picotements ou une douleur aiguë. Si vous vous interrogez sur la cause d'un sentiment puissant, pensez à diverses personnes, situations, possibilités ou divers événements et prêtez une attention particulière à vos réactions émotionnelles. Si vous vous accrochez aux sentiments de quelqu'un d'autre ou que vous êtes affecté par un attachement, vos sensations seront inexplicables par votre propre histoire.

Intuition spirituelle : Faites confiance au Divin ou à votre propre esprit pour jauger de la présence ou du manque d'amour. Un chakra bloqué suscite un sentiment de honte ou l'impression qu'on est indigne d'amour. Les attachements vous feront perdre le lien avec le Divin. Les situations causales seront le reflet de difficultés relationnelles ou spirituelles. Des capacités et des messages positifs stimulent les réactions bienveillantes. Les énergies et les liens négatifs des autres seront perçus comme « mal » et « mauvais ».

Intuition verbale : Pour examiner un chakra, demandez au Divin de vous mettre en lien avec la source de guidance verbale la plus élevée possible. Pensez maintenant aux blocages des chakras, aux forteresses, aux attachements, aux situations causales, aux dons et aux inspirations et demandez au Divin de vous fournir des mots, des phrases, des chansons, des affirmations, ou même des tonalités pour vous dire ce qui est en train de se passer. Vous pouvez aussi obtenir des renseignements par l'écriture automatique.

Intuition visuelle : Demandez au Divin de vous envoyer des images, représentations, couleurs, formes ou une vision des blocages, attachements, situations causales, besoins, dons ou inspirations concernant un chakra. Si vous ne visualisez pas immédiatement une réponse, placez un bloc-notes ou une feuille de papier près de votre lit le soir. Notez-y vos questions et demandez au Divin de vous envoyer un rêve. À votre réveil, notez votre rêve et analysez-le.

Intuition mystique : Vous avez déjà examiné un chakra grâce à vos quatre styles intuitifs. Prenez maintenant quelques profondes respirations et demandez au Divin de vous aider à prendre conscience des autres choses que vous devez savoir sur un chakra, faisant appel à tous vos dons intuitifs en même temps. Demandez aussi si des esprits positifs sont disponibles pour proposer des renseignements ou une inspiration, ou si vous avez besoin de ressentir un autre temps, un autre lieu ou une autre dimension pour mieux comprendre un chakra.

Une fois votre examen terminé, notez vos observations et déterminez si vous avez besoin de faire l'un des exercices des chapitres suivants.

Chapitre 6

PURIFICATION ET GUÉRISON

par vos chakras

Maintenant que vous savez comment localiser vos chakras et réaliser des examens de base avec un pendule, vos mains et votre intuition, le moment est venu de vous mettre au travail. Dans ce chapitre, vous apprendrez comment purifier et guérir par les chakras. Il s'agit là de deux des applications les plus appréciées de la magie des chakras.

Purifier les chakras implique de les débarrasser d'énergies néfastes ou inutiles. Généralement, un exercice d'assainissement laisse le sujet frais et dispo, régénéré et soulagé.

À l'origine, le mot « guérir » signifie « garantir » et « protéger ». Le fait de guérir implique souvent une purification, mais peut aussi se traduire par l'introduction d'énergies bénéfiques afin de créer un état plus sain. Dans ce chapitre, vous apprendrez comment réaliser ces deux activités à l'aide de vos mains et de votre intuition, sans oublier le pendule.

En plus des exercices de purification et de guérison de base, j'ai ajouté un exercice particulier à ce chapitre, avec deux conseils correspondants. Cet exercice a pour but la réduction de la douleur. Vous suivrez d'abord ce processus en utilisant vos mains, puis avec vos facultés intuitives. En fin de compte, si nous pouvons nous libérer de la douleur, nous pouvons vivre notre vie librement.

N'hésitez pas, au besoin, à vous servir de l'exercice 2 « Transférer un chakra dans le creux de sa main » et de l'exercice 4, « Différencier sa main réceptrice de sa main émettrice » aux pages 110 et 112.

Exercice 10
Purifier un chakra avec les mains

Les étapes suivantes vous montreront comment assainir un chakra avec les mains. Vous pouvez réaliser cet exercice sur vous-même ou quelqu'un d'autre. Une fois que vous avez terminé avec un chakra, vous pouvez en purifier un autre. N'oubliez pas que vous pouvez, le cas échéant, transférer l'un de vos chakras dans votre paume. En fait, vous pouvez aussi utiliser cette méthode pour aider une autre personne.

Quand doit-on relocaliser le chakra de quelqu'un d'autre dans sa propre main ? Personnellement, je le fais quand je travaille avec quelqu'un par téléphone ou si, en présence de la personne, je ne parviens pas à atteindre le chakra en question.

Première étape : **Établir une intention.** Concentrez-vous sur votre désir de purifier un chakra spécifique, un ensemble de chakras, ou tous les chakras. Pensez aussi à choisir de quel côté vous voulez travailler. Vous pouvez vous concentrer sur une purification générale ou un objectif spécifique.

Des objectifs spécifiques peuvent, par exemple, concerner la libération d'énergies émotionnelles bloquées ou votre besoin de vous libérer des énergies des autres.

DEUXIÈME ÉTAPE : **Ouvrir les mains.** Frottez vos mains l'une contre l'autre plusieurs fois et faites la distinction entre votre main émettrice et votre main réceptrice (exercice 4).

TROISIÈME ÉTAPE : **Faire sortir les énergies indésirables.** Placez votre main réceptrice à une distance de 5 à 15 centimètres du premier chakra sur lequel vous voulez travailler et retirez les énergies nuisibles. Laissez ces énergies circuler autour de votre main et demandez à votre esprit ou au Divin de les emporter.

QUATRIÈME ÉTAPE : **Ajouter des énergies bénéfiques.** Placez votre main émettrice à une distance de 5 à 15 centimètres du chakra et demandez que des énergies bénéfiques viennent s'installer dans le chakra. Ces énergies peuvent affluer autour de votre main ou directement dans le chakra.

CINQUIÈME ÉTAPE : **Intégrer.** Placez vos deux mains près du chakra. Si vous pouvez placer une main à l'avant du corps et une autre à l'arrière du corps, faites-le. Généralement, on place les mains à au moins cinq centimètres du corps. Avec l'accord du sujet, vous pouvez travailler directement sur la peau ou les vêtements. Demandez l'intégration et l'équilibrage des énergies.

SIXIÈME ÉTAPE : **Continuer/Fermer.** Appliquez le processus de purification à tous les chakras sur lesquels vous avez décidé de travailler. Une fois que vous aurez terminé, secouez vos mains et demandez au Divin de les nettoyer de toute énergie résiduelle. Respirez profondément quelques instants, puis reprenez le cours de vos activités quotidiennes.

Conseil n° 2

Purifier un chakra dans la paume de sa main

Dans le chapitre précédent, vous avez appris comment placer un chakra dans la paume de votre main. Cet exercice nécessitait l'usage d'un pendule, mais vous n'aurez besoin, ici, d'aucun instrument. Cette fois, utilisez votre intention pour placer consciemment le chakra dans le creux de votre main.

Vous pouvez aussi vous servir de l'intention pour faire passer le chakra de l'avant à l'arrière, puis utiliser votre autre main pour réaliser le travail de purification dans votre main, vous servant de votre intention pour faire passer votre main du « mode réception » au « mode émission ».

Avec l'intention, la main peut aussi faire ces deux activités simultanément pour réaliser une intégration. Une fois encore, l'intention est la clé. Vous pouvez simplement demander que votre « Moi sage » ou l'Esprit travaille sur la partie avant et arrière du chakra (celui qui a été placé dans votre main) en même temps. Cela se fait avec la main active. Ce processus est particulièrement utile lorsqu'il faut travailler rapidement.

Exercice 11
Guérir un chakra avec les mains

Cet exercice est vibrationnel par nature, plutôt que centré sur des renseignements. Cela signifie que vous n'avez pas besoin d'examiner le chakra à la recherche d'émotions ou de problèmes particuliers et n'avez qu'à travailler avec les sensations de l'énergie physique et subtile. C'est pour cette raison que je recommande particulièrement cet exercice aux intuitifs physiques ou spirituels. Faites confiance à vos mains. Elles sentiront et traduiront ce que vous trouverez, que votre travail s'effectue sur vous-même ou sur une autre personne.

Première étape : **Sélectionner des chakras.** Décidez avec quels chakras vous allez travailler et localisez-les à l'aide des exercices du chapitre 4. Je vous recommande de travailler avec les parties avant et arrière. (Optionnel : insérer le conseil n° 3 ici.)

Deuxième étape : **Ouvrir les mains.** Frottez vos mains l'une contre l'autre plusieurs fois et différenciez votre main réceptrice de votre main émettrice (voir l'exercice 4).

Troisième étape : **Localiser et examiner.** Localisez et examinez l'un des chakras sélectionnés, à l'avant et à l'arrière. Si vous le souhaitez, prenez des notes sur vos observations.

Quatrième étape : **Réparer.** Réparez la partie avant et arrière du chakra sélectionné, en demandant au Divin qu'il fournisse les bonnes énergies entrantes et qu'il emporte les énergies libérées en lieu sûr.

Voici comment vous travaillerez en fonction de vos observations :

Mouvements homogènes : Si l'énergie chakrique est stable, contentez-vous de purifier le chakra en vous servant du processus présenté dans l'exercice 10. Ensuite, vous pourrez mettre fin à la séance ou passer à un autre chakra.

Trop peu d'énergie émise : Avec votre main réceptrice, enlevez les énergies inutiles, celles qui pourraient bloquer la libération énergétique, et introduisez l'énergie nécessaire avec votre main émettrice.

Trop d'énergie émise : Avec votre main émettrice, ajoutez les énergies nécessaires pour éviter la saignée et remplissez le chakra. Avec la même main, créez un filtre énergétique qui retiendra l'énergie bénéfique dans le chakra. Le moyen le plus facile d'y parvenir est de visualiser ce processus en train de s'accomplir.

Trop d'énergie reçue : Avec votre main réceptrice, retirez toute énergie excédentaire. Avec votre main émettrice, créez un filet énergétique pour protéger le chakra.

Trop peu d'énergie reçue : Utilisez votre main émettrice pour installer l'énergie nécessaire et apaiser les difficultés internes.

Faible énergie : Utilisez votre main émettrice pour fournir l'énergie manquante et stimuler des émotions plus joyeuses.

Trop-plein d'énergie : Servez-vous de votre main réceptrice pour extraire des énergies bloquées. Utilisez votre main émettrice pour apaiser le corps, l'esprit ou l'âme.

Picotement : Utilisez vos deux mains pour contribuer à intégrer la transformation qui a déjà débuté.

Chaleur : Servez-vous de vos deux mains pour continuer à ajouter encore plus d'énergie nécessaire, tout en atténuant la surstimulation. Équilibrez ensuite le chakra.

Froid : Servez-vous de vos deux mains pour continuer la libération actuelle d'énergie indésirable et ajouter de l'énergie nécessaire.

Trous : Utilisez votre main émettrice pour ajouter ou stimuler les énergies nécessaires ainsi que pour libérer tout attachement (cordons ou malédictions) qui vole de l'énergie.

Fuites : Utilisez votre main émettrice pour colmater la fuite et défaire tout attachement.

Fissures ou déchirures : Servez-vous de vos deux mains pour guérir toute blessure intérieure infectée. Utilisez votre main émettrice pour recoudre la déchirure et aider le chakra à guérir de la chose ou de la personne qui a causé la blessure.

Aspérités : Servez-vous de votre main réceptrice pour extraire l'énergie congestionnée et de votre main émettrice pour créer une toile protectrice.

États émotifs : Si des sentiments ou des croyances se révèlent clairement, demandez au Divin de vous aider à déterminer comment traiter des problèmes refoulés, apaiser des sentiments incohérents, transformer des croyances dysfonctionnelles ou bloquer des sources d'intrusion.

CINQUIÈME ÉTAPE : **Continuer.** Travaillez avec le reste des chakras de votre liste, en répétant les étapes.

SIXIÈME ÉTAPE : **Fermer.** Placez vos deux mains au-dessus du chakra sur lequel vous avez travaillé (ou le chakra du cœur si vous avez travaillé sur plusieurs chakras). Si vous avez travaillé à partir de la paume, vous pouvez faire l'exercice en intégrant par le chakra du cœur. Demandez un rééquilibrage complet des énergies. Frottez vos mains l'une contre l'autre, puis laissez-les pendre le long du corps avant de reprendre le cours de vos activités quotidiennes.

Conseil n°3

Travailler avec la subdivision des chakras

Vous savez déjà si votre problème est plutôt d'ordre physique, psychologique ou spirituel ? Alors, dirigez votre guérison en vous reportant à ce tableau de subdivision des chakras et travaillez ceux (devant et derrière) qui correspondent à vos problèmes spécifiques.

CHAKRA	SUBDIVISION	EFFETS
PREMIER	PHYSIQUE	SOUTIENT LA SANTÉ PHYSIQUE, LES BESOINS ET LE BIEN-ÊTRE, INTERAGIT AVEC LA RÉALITÉ MATÉRIELLE
DEUXIÈME, TROISIÈME, QUATRIÈME	PSYCHOLOGIQUE	RÉGULE LES ÉMOTIONS, LES PENSÉES ET LES RELATIONS, ÉTABLIT LE BIEN-ÊTRE PSYCHOLOGIQUE
CINQUIÈME, SIXIÈME, SEPTIÈME	SPIRITUEL	GÈRE LA COMMUNICATION ET L'EXPRESSION PERSONNELLE, LE DON ET LA RÉCEPTION DE L'INTUITION, ET L'IDENTITÉ SPIRITUELLE

Exercice 12
Remédier à un problème causal à l'aide de son intuition

L'intuition est le moyen idéal pour déceler et traiter un problème causal. Des suggestions de questions à aborder se trouvent dans la liste des dons intuitifs, aux pages 130 et 131.

Cet exercice est conçu pour que vous puissiez le suivre simplement et l'adapter facilement lorsque vous travaillez sur quelqu'un d'autre. Sachez également que vous accéderez à la roue intérieure du chakra, qui abrite le problème causal. Les différences entre la roue intérieure et la roue extérieure ont été vues dans le chapitre 2.

Voici les étapes à suivre pour vous aider à exécuter un processus de guérison basé sur l'intuition :

Première étape : **S'ouvrir intuitivement.** Prenez quelques profondes respirations et demandez au Divin d'ouvrir vos facultés intuitives en toute sécurité et avec sagesse.

Deuxième étape : **Sélectionner un problème et un chakra**. Y a-t-il un problème particulier qui vous pèse depuis un moment ? Concentrez-vous sur lui et demandez au Divin à quel chakra il est lié. Vous pouvez aussi vous reporter au chapitre 3 et consultez les problèmes liés à chaque chakra. Vous pouvez également cibler un chakra en vous servant du conseil n° 4 qui permet de sélectionner un chakra causal sans risque de se tromper. Ce conseil nécessite l'utilisation d'un pendule.

Troisième étape : **Créer une intention.** Formulez une intention qui vous permettra de suivre la difficulté par le chakra hôte jusqu'à une situation causale et de procéder ensuite à la guérison de la blessure. Par exemple, vous pouvez dire : « Je découvre la cause de mon problème afin de pouvoir ensuite demander au Divin de guérir complètement mon Moi blessé. »

Quatrième étape : **Préparation.** Trouvez un lieu tranquille, faites le calme à l'intérieur de vous et concentrez-vous sur le chakra causal. Imaginez une porte, à l'intérieur du chakra, qui ouvre un passage entre le présent et le passé. Ouvrez la porte, franchissez-la et demandez au Divin de vous conduire directement vers la situation à la base du problème.

Cinquième étape : **Refaire l'expérience et évoluer.** Percevez le Moi blessé. Essayez de vous en faire une image : sexe, âge et apparence de la personne, période à laquelle elle a vécu si vous explorez une autre période. Laissez ce « Moi blessé » révéler l'expérience à la base du problème.

Lorsqu'il vous semble que le « Moi blessé » a totalement exposé et expliqué la situation, laissez votre Moi conscient « tomber » dans la situation historique, éliminant la séparation entre vous et le Moi blessé. Une fois la fusion réalisée, vous pénétrerez plus profondément encore au cœur de la situation originale ou causale, ce qui fera intervenir votre personnalité plus évoluée. Posez ensuite les questions suivantes au Divin :

- Que s'est-il passé, exactement, au point de créer un stress à long terme ?
- Qui a été touché par l'événement et quel rôle chaque personne a-t-elle joué (ou joue-t-elle encore) ?
- Ai-je recueilli des énergies qui ne m'appartenaient pas ? De quelles énergies aurait-il pu s'agir ?
- Quels sentiments cette situation a-t-elle suscités, et en quoi m'ont-ils affecté ?
- Quels comportements ou forteresses se sont installés, et de quelle façon m'ont-ils affecté négativement ?
- Cette situation a-t-elle donné naissance à des cordons, des malédictions, ou d'autres contraintes ?

Sixième étape : **Accepter le don.** Peu importe le mal qui a été fait, un événement peut devenir une occasion d'évolution et de maturation. Gardant ceci à l'esprit, concentrez-vous sur ce que l'expérience peut produire de positif. Vous pouvez demander à votre esprit personnel ou au Divin de vous communiquer une leçon supérieure. Demandez ensuite au Divin comment appliquer cette sagesse au quotidien.

Septième étape : **Transformer.** Demandez au Divin de vous faire revenir dans le présent. Vous enveloppant dans des ailes dorées, le Divin vous soulève et vous fait passer le portail du chakra séparant le passé du présent. Avec soin et bienveillance, le Divin vous fait passer dans la roue intérieure du chakra, vous berçant dans la lumière divine toujours présente dans cette enceinte intérieure. La porte entre le passé et le présent se referme.

Cette lumière achève votre guérison et votre transformation, éclairant la sagesse acquise par l'expérience causale. Finalement, seuls les enseignements restent, car la blessure a été assainie, nettoyée et transformée. Tandis que vous demeurez dans ce cercle intérieur, la lumière du Divin passe de la roue intérieure à la roue extérieure, et rayonne ensuite dans le reste du chakra.

Les cordons et les malédictions sont éradiqués. Les trous sont comblés. Les zones de fuites, les plaies par perforation et autres problèmes structurels sont refermés et guéris, et la blessure originelle elle-même est apaisée. Les énergies d'autres personnes sont retournées d'où elles venaient, et tout ce qui était source de douleur est gentiment et fermement transformé. Vous commencez graduellement à réintégrer le «ici et maintenant» et ressentez une plénitude que vous n'aviez peut-être encore jamais ressentie.

Savourez votre guérison. Vous êtes libéré du passé et prêt à affronter l'avenir.

Trouvez la sérénité, puis reprenez le cours de vos occupations quotidiennes.

Conseil n° 4

Vérifier un problème causal avec un pendule

Si vous souhaitez trouver l'origine d'un problème causal, prenez votre pendule et placez-le au-dessus du chakra. Identifiez le oui et le non, comme vous avez appris à le faire dans la première partie du conseil n° 1.

Si vous avez perçu de manière intuitive un problème causal, demandez au pendule si vous avez raison. Formulez votre demande de façon à ce qu'il puisse y répondre par oui ou non. Par exemple, vous pouvez demander : « Est-ce que ce problème remonte à (le moment qui vous semble bon) ? »

Vous pouvez aussi utiliser le pendule pour vous concentrer sur une période de temps précise. Commencez par poser des questions au sujet de catégories possibles, comme les vies antérieures, le matériel épigénétique, l'enfance, l'âge adulte, et d'autres options qui vous viennent à l'esprit. Vous pouvez ainsi demander : « Ce problème vient-il d'une vie antérieure ? » Vous pouvez ensuite resserrer la recherche en posant des questions sur des siècles, ou encore des décennies précises, par exemple.

Conseil n° 5

Chakras et développement de l'enfant

Avez-vous de la difficulté à découvrir l'origine d'un problème lié à un chakra ? Retournez au chapitre 3 pour lire les indications sur l'âge d'activation d'un chakra avant de faire l'exercice 12 « Remédier à un problème causal à l'aide de son intuition ».

Ainsi, le premier chakra est activé quelque part entre la gestation et l'âge de six mois. Si c'est le premier chakra qui est causal, vous pourrez vous concentrer pour la guérison sur les événements qui se sont produits pendant cette période.

Voici les âges d'activation des chakras :

Premier chakra : entre la gestation et l'âge de 6 mois
Deuxième chakra : 6 mois à 2½ ans
Troisième chakra : 2½ ans à 4½ ans
Quatrième chakra : 4½ ans à 6½ ans
Cinquième chakra : 6½ ans à 8½ ans
Sixième chakra : 8½ ans à 14 ans
Septième chakra : 14 ans à 21 ans

Exercice 13
Accent sur une guérison : le soulagement de la douleur par les mains

Cet exercice met l'accent sur l'utilisation des mains sur le premier chakra et dans la zone du septième champ aurique pour soulager la douleur. L'exercice 14 « Soulager la douleur par les koshas » peut être utilisé si la douleur persiste.

Pour comprendre le fonctionnement de cet exercice, il est important de savoir que dans une certaine mesure, une douleur aiguë ou chronique implique toujours le premier chakra. Le premier chakra est le bureau central de l'énergie rouge, qui représente l'énergie vitale, l'entrain, la passion, l'inflammation, la physicalité et le feu. Un excès d'énergie rouge dans le premier chakra crée une congestion ou un blocage, ce qui se traduit par une inflammation corporelle. Inversement, un manque d'énergie rouge dans le premier chakra peut aussi causer de la douleur. L'énergie rouge est en effet nécessaire pour purger ou brûler les toxines.

La solution est de se servir des limites externes du septième champ aurique comme d'une soupape. L'idée est que les énergies qui entrent par ce champ passent par tous les champs plus faibles et pénètrent dans les chakras. De même, le septième chakra peut libérer des énergies de tous les chakras et champs auriques et les envoyer dans l'environnement. De cette façon, le septième champ aurique devient à la fois une porte d'entrée pour les énergies bénéfiques et une porte de sortie pour les énergies toxiques ou superflues. Lorsque nous relions le premier chakra et la septième couche aurique, alors nous soulageons directement le système générateur de douleur et introduisons un antidote.

Les étapes suivantes permettront cette guérison, que vous les utilisiez sur vous ou sur quelqu'un d'autre :

PREMIÈRE ÉTAPE : **Préparation.** Frottez vos mains l'une contre l'autre et établissez laquelle des deux est la main réceptrice et laquelle est la main émettrice (voir l'exercice 4). Localisez le premier chakra. Vous pouvez le faire à l'aide d'un pendule.

Placez votre main réceptrice à quelques centimètres au-dessus du premier chakra. Éloignez votre main émettrice en la plaçant à une longueur de bras du premier chakra. Si vous travaillez sur vous-même, tendez simplement le bras aussi loin que possible. Établissez comme intention que la main émettrice vous mette en lien avec la limite externe du champ aurique.

DEUXIÈME ÉTAPE : **Libérer de l'énergie.** Demandez que l'énergie à l'origine de la douleur soit extraite du premier chakra, envoyée à travers tout le champ aurique et qu'elle sorte par le septième champ aurique. Le Divin se saisira de cette énergie et l'enverra ailleurs. Concrètement, la main réceptrice extrait les toxines du chakra, et la main émettrice libère cette énergie empoisonnée à travers le septième champ aurique et jusque dans l'environnement, où le Divin la transforme. Laissez les énergies sortantes circuler autour de vos mains afin que les énergies ne vous posent plus de problème.

TROISIÈME ÉTAPE : **Faire entrer l'énergie.** Changez de main. Ancrez votre main réceptrice à la bordure externe du septième champ aurique, paume vers l'extérieur. Placez la main émettrice près du premier chakra, paume vers l'intérieur. Demandez que les énergies bénéfiques soient puisées dans l'environnement (ou le Divin) par votre main réceptrice. Pointez l'index de votre main émettrice vers votre premier chakra et dirigez l'énergie guérisseuse à l'intérieur du premier chakra. Toutes les énergies circuleront autour de vos mains pour qu'elles ne puissent vous causer de tort.

QUATRIÈME ÉTAPE : **Équilibrer.** Mettez les deux mains au-dessus du premier chakra et rééquilibrez-le. Demandez aussi que cette énergie équilibrée remonte par les nadis et pénètre chaque chakra et chaque champ aurique. Entrez dans un état de paix et de sérénité, prêt à profiter d'un état moins empreint de douleur.

CINQUIÈME ÉTAPE : **Se détacher.** Respirez profondément et éloignez vos mains du premier chakra. Demandez au Divin de reprendre le processus de guérison et de continuer à prodiguer guérison et soulagement de la douleur jusqu'à la fin du processus.

SIXIÈME ÉTAPE : **Fermer.** Quand vous vous sentez prêt, reprenez vos activités quotidiennes.

NOTE : Vous pouvez faire cet exercice exactement de la même façon en remplaçant simplement vos mains par votre intuition. Servez-vous du style intuitif qui vous convient et utilisez l'intention pour accomplir les étapes « envoyer », « guérir » et « équilibrer ».

Exercice 14
Soulager la douleur par les koshas

Il arrive parfois que le fait de stimuler notre conscience supérieure nous libère des raisons de notre souffrance et de notre souffrance elle-même. Nous pouvons acquérir une conscience des problèmes causaux en activant les forces des koshas, les « enveloppes de conscience » présentées à la page 60. Ce processus peut être particulièrement bénéfique si l'on constate qu'il reste de la douleur après l'exercice 13.

Concentrez-vous sur la douleur résiduelle. Demandez au Divin de vous accompagner au travers des cinq koshas, décrits ci-dessous avec leurs noms contemporains. Récitez ensuite la phrase qui correspond à chacun d'eux. Vous pouvez le faire à voix haute ou mentalement. Faites une pause entre chaque phrase et portez attention à vos réactions, tout en donnant la permission au Divin de prodiguer purification et guérison.

Kosha physique : *Je libère maintenant les causes de la douleur contenue dans mon corps tout en activant les énergies invisibles qui peuvent m'aider à atteindre mes intentions de guérison.*

Kosha de la force vitale : *Je permets maintenant à ma force vitale d'être redirigée pour accélérer ma guérison.*

Kosha mental : *Je prends pleinement conscience des croyances dysfonctionnelles qui entravent ma guérison.*

KOSHA DE LA SAGESSE : *Je permets maintenant à des vérités supérieures de transformer les croyances qui entravent ma guérison.*

KOSHA DE LA FÉLICITÉ : *Je m'ouvre maintenant à l'énergie spirituelle qui peut m'élever vers un état supérieur et permettre une guérison complète.*

Restez concentré sur la conscience de la félicité qui soulage la douleur et restaure la sérénité.

Chapitre 7

SOULAGEMENT DU STRESS

par les chakras

S'il y a une chose qui est garantie dans la vie, en plus des impôts, c'est le stress. Le stress est la manière de répondre à une demande. En général, on ne peut changer ce qui se passe autour de soi, mais on peut changer sa façon d'y réagir. En fait, dans certaines circonstances, on peut même transformer son énergie réactive afin qu'elle soit bénéfique plutôt que nocive.

Ce chapitre présente des exercices qui permettent de se libérer du stress grâce aux chakras. Il est possible, à l'aide de ses chakras, de transformer ses perceptions négatives en quelque chose d'utile, qui stimule des actions bénéfiques et atténue la réactivité.

Ce chapitre présente plusieurs manières intéressantes, amusantes et interactives de répondre aux éléments stressants de la vie, et aussi d'en tirer profit. Les exercices incluent la respiration méditative, la visualisation de couleurs, le chant, la guérison par les archétypes et la thérapie par les pierres précieuses. Les deux conseils ajouteront encore plus de force à votre travail avec les chakras.

EXERCICE 15
Se libérer du stress avec la respiration chakrique

La plupart des exercices basés sur les chakras encouragent la respiration méditative. Une respiration profonde et ciblée apaise et permet l'intégration du corps, de l'esprit et de l'âme. Elle active aussi l'esprit et fait en sorte que le Moi supérieur prenne en charge les activités, les prises de décision et les réactions au stress.

Pour le prochain exercice, vous devez laisser votre respiration purifier et rééquilibrer chaque chakra. Si un chakra est équilibré, il y a plus de chances que vous le soyez aussi, peu importe ce que vous vivez. Commencez par votre premier chakra et remontez.

Vous pouvez utiliser ces étapes chaque fois que vous vous sentez stressé.

PREMIÈRE ÉTAPE : **Respirer en se purifiant.** Inspirez profondément en sentant que vous vous remplissez d'air. Ressentez que cette inspiration est pleine d'une énergie d'amour qui vous nourrit. Puis, expirez complètement, en laissant aller toutes les énergies toxiques. Reprenez maintenant une respiration normale.

DEUXIÈME ÉTAPE : **Calmer le chakra.** Concentrez-vous sur votre premier chakra. Inspirez profondément et demandez au Divin de remplir ce chakra d'énergies purificatrices et saines. En expirant, demandez au Divin de laisser aller les énergies superflues ou malsaines. Ces poisons seront libérés dans l'environnement, où le Divin les transformera pour le bien de tous. Continuez de respirer ainsi jusqu'à ce que votre chakra soit complètement purifié et que vous vous sentiez parfaitement détendu.

TROISIÈME ÉTAPE : **Continuer la relaxation par les chakras.** Concentrez-vous maintenant sur votre deuxième chakra. Répétez la deuxième étape, puis travaillez ainsi avec les autres chakras, l'un après l'autre.

QUATRIÈME ÉTAPE : **Fermer.** Prenez une dernière respiration profonde et concentrez-vous sur le chakra du cœur. Respirez profondément encore quelques fois et demandez au Divin d'équilibrer tous vos chakras les uns par rapport aux autres. Retournez à vos activités quotidiennes lorsque vous avez terminé.

EXERCICE 16
Colorer les chakras

Remplir les chakras de leur couleur naturelle est une des façons les plus faciles de les purifier, de les équilibrer et de les guérir. Cela permet de laisser aller les sentiments négatifs, d'augmenter la vitalité et d'activer l'essence spirituelle. Cet exercice simple peut être effectué rapidement et dans toutes les circonstances.

Je vous suggère de commencer par le premier chakra, et de remonter ensuite l'échelle des chakras. Vous travaillerez avec les couleurs et les qualités des chakras, qui sont les suivantes :

Premier chakra : Rouge – passion, excitation, stimulation

Deuxième chakra : Orange – innovation, sensualité, enthousiasme

Troisième chakra : Jaune – clarté, optimisme, concentration

Quatrième chakra : Vert – guérison, amour, connectivité

Cinquième chakra : Bleu – connaissance, calme, sagesse

Sixième chakra : Violet – vision, stratégie, guidance mystique

Septième chakra : Blanc – pureté, spiritualité, béatitude

NOTE : Vous pouvez également utiliser les couleurs indigo ou violet pour les sixièmes et septièmes chakras, comme nous l'avons mentionné dans le chapitre 1. Les qualités restent les mêmes. Et maintenant, amusez-vous !

PREMIÈRE ÉTAPE : **Préparation.** Installez-vous dans un endroit tranquille et respirez profondément. Concentrez-vous sur un chakra et pensez à sa couleur et à ses qualités.

DEUXIÈME ÉTAPE : **Colorer.** Concentrez-vous sur le chakra choisi. Placez votre conscience au milieu du chakra, dans la roue intérieure. Visualisez le Divin qui verse la couleur du chakra dans cette pièce comme s'il avait un immense pichet rempli de lumière liquide. Cette lumière colorée se répand jusque dans la roue extérieure, puis dans tout le chakra et le champ aurique associé.

TROISIÈME ÉTAPE : **Insuffler la qualité.** Pensez aux qualités associées à la couleur, en savourant la transformation qui s'opère dans le chakra ainsi que dans votre attitude envers les stress de la vie.

QUATRIÈME ÉTAPE : **Répéter.** Nourrissez vos autres chakras de leurs couleurs et qualités, répétant chaque fois les étapes 2 et 3.

CINQUIÈME ÉTAPE : **Fermer.** Demandez au Divin ou à votre esprit de rééquilibrer tous vos chakras. Lorsque vous sentez que c'est fait, respirez profondément, puis reprenez le cours de vos activités.

EXERCICE 17
Faire résonner les chakras

Dans le chapitre 3, vous avez découvert les *bijas* (syllabes-germes) des chakras. Faire résonner une syllabe-germe est une excellente façon de se libérer des énergies négatives, qu'elles soient physiques, psychologiques ou spirituelles. Dans cet exercice, vous devrez accorder chaque chakra avec la syllabe associée. Vous pouvez travailler avec différents chakras, peu importe l'ordre, ou simplement avec celui qui en a le plus besoin.

En rappel, voici les chakras et leurs *bijas* :

Premier chakra : *Lam,* prononcé « lâm ».

Deuxième chakra : *Vam,* prononcé « vâm ».

Troisième chakra : *Ram,* prononcé « râm ».

Quatrième chakra : *Yam,* prononcé « yâm ».

Cinquième chakra : *Ham,* prononcé « hâm », avec *h* aspiré.

Sixième chakra : *Om,* prononcé avec un long son O.

Septième chakra : Pas de syllabe précise. Il est toutefois associé à deux sons produits par la respiration : le *visarga* est un « aah » prononcé dans un souffle et le *NG* qui est prononcé comme le son « gn ».

Et maintenant, voici les étapes qui vous permettront de résonner pour atteindre l'aisance et la grâce.

PREMIÈRE ÉTAPE : **Préparation.** Prenez cinq minutes pour vous détendre. Respirez profondément et concentrez-vous sur le chakra qui vous semble le plus affecté par les événements de la vie. Si vous hésitez, commencez par le premier chakra, puis remontez le long de la colonne vertébrale.

DEUXIÈME ÉTAPE : **Concentration.** Dirigez votre esprit vers le chakra choisi et déposez-vous dans le centre du chakra. Commencez à faire le son de la syllabe-germe dans une psalmodie, un chant ou en fredonnant. Si vous le faites à haute voix, sachez que plus votre voix est basse et votre débit est lent, plus vous en retirerez des effets physiques. Une voix dans un registre moyen améliorera votre état d'esprit psychologique, tandis qu'une voix plus aiguë et un débit rapide vous libéreront du stress d'ordre spirituel. Vous pouvez aussi passer d'un débit lent à rapide, et moduler votre voix de grave à aiguë. (Voir le conseil n° 6 pour des visualisations supplémentaires.)

TROISIÈME ÉTAPE : **Répéter.** Refaites l'exercice pour tout autre chakra qui nécessite un peu d'attention.

QUATRIÈME ÉTAPE : **Fermer.** Laissez tous les chakras se rééquilibrer. Si vous avez accordé tous les chakras, vous pouvez repasser par tous les sons, l'un après l'autre, du premier au septième chakra, et demander à ce qu'ils soient intégrés. Quand vous vous sentirez rééquilibré, respirez profondément et retournez à vos activités.

Conseil n° 6

Des sons et des couleurs

Chaque chakra est lié à un élément, et la plupart des éléments ont une couleur qui leur est associée. Quand on les unit, le son et l'élément ressemblent au célèbre duo de Batman et Robin dans leur interaction.

Lorsque vous émettez le son d'une syllabe-germe, comme dans la deuxième étape de l'exercice 17, visualisez la couleur de l'élément du chakra. S'il y a plusieurs couleurs associées, prenez celle qui vous convient le mieux ou essayez-les toutes. S'il n'y a pas de couleur, ou qu'elle est transparente, assignez-en-une.

Premier chakra : Jaune, pour l'élément terre.

Deuxième chakra : Transparente, blanche ou bleu pâle, pour l'élément eau.

Troisième chakra : Rouge, pour l'élément feu.

Quatrième chakra : Incolore, grise ou vert terne, pour l'élément air.

Cinquième chakra : Fumée, pour l'élément éther.

Sixième chakra : Transparente, pour l'élément lumière.

Septième chakra : Pas d'élément, choisissez une couleur.

Exercice 18
Se libérer du stress psychologique par les archétypes

Une des façons les plus efficaces pour se libérer du stress, c'est de transformer l'image de l'archétype négatif d'un chakra en l'archétype positif associé. C'est une manière particulièrement efficace d'atténuer son stress psychologique.

Cet exercice nécessite l'utilisation de votre intuition visuelle. Vous allez vous concentrer sur un seul chakra, mais vous aurez aussi des renseignements pour tous les archétypes. Ce sujet a été abordé dans le chapitre 3, et vous trouverez des renseignements dans le tableau suivant.

Chakras et archétypes

CHAKRA	ARCHÉTYPE NÉGATIF	ARCHÉTYPE POSITIF
PREMIER	VICTIME	PÈRE/MÈRE
DEUXIÈME	MARTYR	EMPEREUR/IMPÉRATRICE
TROISIÈME	SERVITEUR	GUERRIER
QUATRIÈME	IMPOSTEUR	AMOUREUX
CINQUIÈME	ENFANT SILENCIEUX	COMMUNICATEUR
SIXIÈME	CRITIQUE	INTUITIF
SEPTIÈME	ÉGOÏSTE	GOUROU

Voici les étapes à suivre pour réduire votre stress à l'aide des archétypes :

PREMIÈRE ÉTAPE : **Préparation.** Créez un environnement calme, respirez profondément et concentrez-vous sur le chakra qui semble le plus affecté par le facteur de stress.

DEUXIÈME ÉTAPE : **Concentration et transformation.** Concentrez-vous sur le chakra victime de stress. Imaginez que vous êtes à l'intérieur de celui-ci, en train de regarder un écran de cinéma. Vous y voyez apparaître l'archétype négatif associé au chakra.

Cet archétype représente la vision de la situation stressante que vous avez eue jusqu'ici. Observez cet archétype jusqu'à ce que les sentiments et croyances qui ont créé votre perception pessimiste vous apparaissent clairement. Dès que tout vous apparaît clairement, imaginez l'archétype positif sur l'écran. Voyez-le étreindre tendrement l'archétype négatif.

Visualisez les deux archétypes interagir jusqu'à ce que le négatif se transforme en l'archétype positif et disparaisse en lui. Les vertus de l'archétype constructif se sont désormais substituées aux traits difficiles de l'archétype négatif et ont fait place à la sagesse. Demandez à l'archétype positif de vous éclairer en vous faisant voir des façons de gérer votre situation. Concentrez-vous sur ses conseils jusqu'à ce que vous vous sentiez capable de répondre sagement au défi que vous vivez.

TROISIÈME ÉTAPE : **Répéter.** Répétez la deuxième étape avec chaque chakra sur lequel vous sentez devoir travailler.

QUATRIÈME ÉTAPE : **Fermer.** Demandez au Divin de rééquilibrer vos chakras. Quand vous vous sentez bien, respirez profondément et retournez à vos activités.

EXERCICE 19
La thérapie des chakras par les pierres précieuses pour soulager les tensions

Le stress peut être causé par une maladie physique, des difficultés ou de la douleur. Les facteurs de stress psychologiques et spirituels peuvent causer des problèmes physiques. Cet exercice vise à vous apprendre à utiliser les pierres pour vous soulager des tensions physiques et du stress.

La thérapie avec les pierres fait partie des méthodes de guérison par les chakras depuis des milliers d'années et au sein de centaines de cultures. Chaque pierre possède une structure cristalline unique qui lui permet d'être associée à un chakra. Les cristaux de quartz incolores et roses peuvent s'adapter à tous les chakras.

Dans cet exercice, vous utiliserez une pierre associée à un chakra pour ajouter de l'énergie positive à celui-ci. Vous prendrez aussi un cristal de quartz incolore ou rose afin de relâcher les énergies négatives. Avant de commencer l'exercice, choisissez un problème physique et associez-le à un chakra en ayant recours aux renseignements présentés dans le chapitre 3 pour ces divers éléments de chaque chakra : emplacement, glande associée, parties du corps et maladies associées. Le tableau qui suit vous aidera à choisir la pierre par laquelle vous enverrez de l'énergie. Vous pouvez aussi faire ce choix en vous basant sur une recherche personnelle.

Tableau des pierres et des chakras

CHAKRA	PIERRES
PREMIER	HÉMATITE, RUBIS, GRENAT, QUARTZ FUMÉ, AGATE (DE COULEUR FONCÉE)
DEUXIÈME	HÉLIOTROPE, CORNALINE, CALCITE ORANGE, AMAZONITE
TROISIÈME	CITRINE, CALCITE DORÉE, JASPE JAUNE, AMBRE
QUATRIÈME	ÉMERAUDE, TOURMALINE, MALACHITE, PÉRIDOT, FLUORINE
CINQUIÈME	CALCITE BLEUE, LAPIS-LAZULI, TURQUOISE, AIGUE-MARINE, AGATE (BLEUE)
SIXIÈME	AZURITE, MOLDAVITE, SUGILITE, AMÉTHISTE, AMÉTRINE
SEPTIÈME	DIAMANT, CALCITE BLANC, TOPAZE BLANCHE, SÉLÉNITE

Voici les étapes à suivre :

Première étape : **Préparation.** Concentrez-vous sur un problème physique et choisissez un chakra. Prenez vos deux pierres. Assoyez-vous dans un endroit tranquille et établissez quelle est votre main réceptrice et quelle est votre main émettrice (voir l'exercice 4). Déposez le quartz incolore ou rose dans votre main réceptrice et la pierre associée au chakra dans votre main émettrice. Apaisez votre esprit et respirez profondément quelques fois pour vous détendre.

Deuxième étape : **Placer une intention dans les pierres.** Concentrez-vous sur votre main réceptrice et le cristal de quartz. Programmez l'intention que cette pierre aspire en elle l'énergie responsable de la tension physique. Maintenant, concentrez-vous sur votre main émettrice. Demandez à la pierre associée au chakra de vous nourrir et de vous calmer.

Troisième étape : **Extraire les énergies difficiles.** Placez le cristal de quartz près du chakra sur lequel vous travaillez. Demandez au Divin d'extraire les énergies perturbantes du chakra et de les insérer dans la pierre. Une fois que vous aurez terminé, retirez votre main réceptrice et déposez la pierre.

Quatrième étape : **Déposer des énergies calmantes.** Placez la pierre associée au chakra près de celui-ci et demandez au Divin d'envoyer des énergies apaisantes dans ce chakra au travers de la pierre. Une fois que vous aurez terminé, retirez votre main et déposez la pierre.

Cinquième étape : **Équilibrer.** Posez maintenant vos deux mains sur le chakra et demandez au Divin de le rééquilibrer. Si vous ne pouvez atteindre le chakra, posez vos mains sur le chakra du cœur et demandez à ce que le travail se fasse par votre cœur. Vous pouvez aussi vous servir de votre intuition pour effectuer le rééquilibrage.

Sixième étape : **Fermer.** Quand vous vous sentez en harmonie, prenez quelques respirations profondes, et retournez à vos activités.

Septième étape : **Purifier les pierres.** Il est important de nettoyer les pierres afin qu'elles puissent retrouver tout leur pouvoir et être réutilisées. Vous pouvez le faire en les lavant avec du sel d'Epsom ou en les laissant deux heures au soleil.

CONSEIL N° 7

Travailler les chakras avec des huiles essentielles

Les huiles essentielles sont des outils vibratoires éprouvés pour le relâchement du stress. On peut les diffuser, les respirer en faisant de l'aromathérapie, les appliquer sur la peau, les utiliser pour un massage ou les vaporiser. Évitez toutefois de les avaler, à moins d'une recommandation médicale.

Certaines huiles ont la même fréquence vibratoire que certains chakras. Pour vous soulager du stress, choisissez une huile qui correspond au chakra qui nécessite des soins. C'est quelque chose que vous pouvez faire avant chacun des exercices décrits dans ce chapitre. Utilisez le tableau de la page 170 pour choisir l'huile appropriée.

La vie est stressante. Le stress et les changements nous font vivre des moments difficiles, mais nous permettent aussi de grandir et de mûrir. Les techniques fondées sur les chakras — que ce soit par la respiration, les couleurs, les sons ou les pierres — constituent une façon simple et élégante d'utiliser l'énergie du stress pour créer de la bonté et de la lumière.

Chakras et huiles essentielles

CHAKRA	HUILES ESSENTIELLES
PREMIER	CÈDRE, MYRRHE, PATCHOULI, VÉTIVER, EUCALYPTUS
DEUXIÈME	BERGAMOTE, CARDAMONE, ORANGE, NÉROLI, YLANG-YLANG, FENOUIL
TROISIÈME	CANNELLE, CYPRÈS, PAMPLEMOUSSE, BOIS DE SANTAL, CITRONNELLE, GINGEMBRE
QUATRIÈME	GÉRANIUM, JASMIN, LAVANDE, ROSE, ROMARIN, MENTHE POIVRÉE
CINQUIÈME	BASILIC, CAMOMILLE, MENTHE VERTE, THÉIER, SAUGE SCLARÉE
SIXIÈME	BAIES DE LAURIER, GENIÈVRE, VÉTIVER, LAVANDE, MARJOLAINE
SEPTIÈME	CÈDRE, OLIBAN, BOIS DE ROSE, PIN, ROSE

Chapitre 8

LE SOMMEIL

par les chakras

L'un des plus grands défis dans notre monde moderne, c'est d'avoir suffisamment de sommeil, non seulement en temps, mais aussi de qualité. Évidemment, il est difficile de dormir lorsqu'on est stressé ; et lorsqu'on ne dort pas assez, on devient plus stressé.

Dans ce chapitre, vous allez apprendre un exercice tout simple qui vous permettra de compter les moutons… ou plutôt, les ondes cérébrales. Les ondes cérébrales régulent tous les états de veille et de sommeil. Il est essentiel qu'elles soient apaisées pour qu'on puisse tomber endormi, et le rester.

Dans l'exercice proposé, vous allez vous concentrer sur le chakra du cœur, qui est le centre de l'anatomie de l'énergie subtile. En créant de la sérénité par le chakra du cœur, on calme tout le système énergétique subtil et on harmonise le corps, l'esprit et l'âme. Cela permet aussi d'activer toute la puissance du cœur, qui émet l'activité électromagnétique la plus puissante de tous les organes, y compris le cerveau. Ce n'est que lorsque notre champ du cœur est en harmonie et calme que nos ondes cérébrales peuvent se régulariser et que nous pouvons atteindre l'état souhaité du sommeil.

Avant de vous expliquer l'exercice pour trouver le sommeil par les chakras, je vais vous donner quelques renseignements sur le fonctionnement du sommeil. Vous trouverez, après l'exercice, un conseil qui vous permettra de « sentir joliment », en vous traitant avec un baume calmant et apaisant à la lavande.

Quelques données sur les ondes cérébrales
Ce que l'on tente d'accomplir par l'exercice de sommeil par les chakras

L'exercice de ce chapitre nécessite de se concentrer consciemment sur le centre du cœur afin de transformer les ondes cérébrales associées au stress en ondes cérébrales qui induisent le sommeil. Ce sont les ondes cérébrales de stress qui nous empêchent de dormir. À l'inverse, des ondes apaisées nous permettent de dormir.

Les ondes cérébrales sont des impulsions électriques qui se produisent dans le cerveau. On les mesure en cycles par seconde, ou hertz (Hz), ce qui permet de décrire les fréquences moyennes produites par les neurones du cerveau. En réalité, la fréquence des ondes cérébrales change constamment, selon ce que l'on ressent ou fait. À leur tour, les ondes cérébrales influencent nos sentiments, pensées et actes.

On classe les ondes cérébrales par bandes de fréquences. Chaque bande représente une manière de penser ou de se comporter. Voici les catégories, allant des fréquences les plus rapides et hautes jusqu'aux fréquences les plus lentes et basses, avec un mot associé à chacune. Ces mots-code seront utilisés ensuite pour les exercices de sommeil.

- *Gamma* **(38 — 42 Hz) : Spiritualité.** Elles nécessitent un esprit calme, qui permet d'atteindre des états d'altruisme universel et de grande vertu.
- *Beta* **(12 — 38 Hz) : Attention.** Indique un état d'esprit alerte, cognitif et bien éveillé.
- *Alpha* **(8 — 12 Hz)** *:* **Conscience.** Représente un état calme, mais conscient. Invite à l'apprentissage par le corps et l'esprit.
- *Thêta* **(3 — 8 Hz) : Contentement.** Permet d'atteindre un état méditatif et d'amorcer la guérison. C'est à ce niveau que se trouvent nos peurs et troubles psychologiques, mais aussi qu'on peut les régler. C'est dans cette zone que nous pouvons entrer dans un demi-sommeil.
- *Delta* **(,5 — 3 Hz) : Sommeil profond.** Ces ondes sont émises lorsqu'on atteint un état de profonde méditation ou de contemplation qui permet une régénération du corps. Elles sont aussi associées au sommeil réparateur pendant lequel on ne rêve pas.
- *Infrabasses* **(moins de ,5 Hz) : Modulation/stabilisation.** Ces ondes très lentes, qui représentent sans doute nos rythmes corticaux, constituent les réseaux de base de contrôle de notre système nerveux. Elles peuvent moduler les autres ondes et stabiliser le système nerveux central. Elles ont dernièrement été

étudiées dans le cadre de recherches sur l'hyperexcitation, les habitudes de sommeil, le syndrome du stress post-traumatique ou TSPT (Brainworks, *What Are Brainwaves ?*).

Les troubles du sommeil, comme l'insomnie ou l'agitation, peuvent avoir plusieurs causes. À la base, toutefois, toute perturbation des ondes cérébrales affecte le sommeil. De plus, il faut passer des ondes beta aux ondes alpha, puis atteindre les ondes thêta et, finalement, les ondes delta. Si on saute une étape du processus, au cours duquel il faut aussi apaiser les autres ondes cérébrales (gamma et infrabasses), on n'arrive pas à s'endormir… ou bien, on s'endort, mais on se réveille sans cesse (Mental Health Daily, *5 Types*).

En effectuant l'exercice de sommeil, vous n'avez pas à essayer de voir ce qui pourrait clocher avec vos ondes cérébrales. Vous devez plutôt vous concentrer sur votre chakra du cœur et, par lui, essayer de passer d'une sorte d'ondes à une autre, jusqu'à ce que vous vous assoupissiez. Les spécialistes du sommeil affirment que nous passons des ondes beta aux alpha, puis aux thêta et, finalement, aux ondes delta (Mastin, *Types and Stages of Sleep*). Dans mon exercice, je vous suggère plutôt cet ordre : beta, alpha, gamma, thêta, infrabasses et delta. Je pense que le fait de toucher aux ondes gamma avant de tomber en thêta permet d'activer la conscience supérieure et de se mettre en contact avec sa protection angélique.

En travaillant avec mes clients, j'ai découvert qu'une des principales raisons pour lesquelles les gens dorment mal, c'est parce qu'ils ne se sentent pas en sécurité. Qu'on soit enfant ou adulte, la nuit active nos sens psychiques et augmente notre capacité à sentir les fantômes et les dangers des autres mondes. Autrement dit, on commence à sentir les « monstres sous le lit ». En s'alignant sur la protection cosmique, on règle ce problème.

J'ajoute aussi les ondes infrabasses avant d'atteindre le stade delta. Plusieurs de mes clients disent se réveiller juste au moment où ils allaient tomber endormis, ou arriver aux ondes delta. Ils restent ensuite éveillés, à penser à leurs soucis et à leurs problèmes. Ma théorie est que beaucoup de leurs préoccupations sont « stockées » dans les ondes infrabasses. En apaisant celles-ci, on peut calmer son esprit, éliminer le bavardage mental et, en fin de compte, respirer profondément et sombrer dans le sommeil. Évidemment, on souhaite être déjà endormi au moment d'atteindre la zone delta, celle du sommeil profond. L'exercice sert à vous enligner dans cette direction.

Exercice 20
Le sommeil par le chakra du cœur

Vous pouvez faire l'exercice suivant bien installé dans votre lit, ou lorsque vous souhaitez faire une sieste. Je vous suggère de réviser l'exercice quand vous êtes éveillé et de mémoriser les mots-code et les renseignements qui y sont associés. Ainsi, quand vous serez réellement prêt à vous détendre, vous pourrez simplement vous concentrer sur les mots-code et laisser le Divin faire le reste. (Voir le conseil n° 8 pour savoir comment utiliser la lavande pour renforcer les effets de cet exercice.)

PREMIÈRE ÉTAPE : **Accepter son état actuel.** Avant de pouvoir modifier vos ondes cérébrales ou vous détendre complètement, vous devez accepter tout ce que vous vivez, sur tous les plans. Il y a une raison pour laquelle nos problèmes existent, et ils ne peuvent disparaître que si nous les acceptons.

Commencez par vous coucher et respirer profondément, en ne faisant qu'« être ». Sans jugement, concentrez-vous sur les régions du corps où il y a de la tension, de la douleur, de l'épuisement ou de la fatigue. Suivez votre stress ou bavardage mental et permettez-vous de ruminer vos problèmes. Remarquez toute forme de congestion de l'énergie subtile et laissez libre cours à vos émotions. Reprenez l'exercice en cherchant les parties du corps et les états qui sont sereins, calmes et paisibles.

DEUXIÈME ÉTAPE : **Se centrer dans le cœur.** Après avoir fait le tour de ce que vous vivez en ce moment, posez-vous dans votre chakra du cœur. Demandez au Divin de vous y retrouver et d'y instaurer la sérénité et l'amour. Autorisez le Divin à se charger de votre descente dans le sommeil.

TROISIÈME ÉTAPE : **Parcourir les ondes cérébrales.** Le Divin va commencer à vous faire traverser les différentes ondes cérébrales, en les régulant parfaitement, de manière à ce que vous puissiez vous abandonner au sommeil. Il vous suffit d'évoquer en pensée le mot-code de chaque type d'ondes cérébrales pour en recevoir les bienfaits pour votre sommeil. Vous vous assoupirez lorsque vous serez prêt, et les dernières étapes se feront de manière inconsciente.

Le Divin vous fera traverser toutes ces étapes, l'une après l'autre :

Attention (Beta) : Si une dernière pensée doit apparaître tendrement dans votre cœur, c'est maintenant que cela se passe. Tout ce qui vous stresse disparaît maintenant comme si un nuage l'emportait au loin.

Conscience (Alpha) : Vous prenez conscience de tout ce qu'il y a eu de bon dans la journée que vous venez de vivre et de la douceur du repos qui vous attend. Le Divin remplace tous les facteurs de stress par la conscience de l'aisance et de la grâce.

Spiritualité (Gamma) : Votre esprit vous ouvre de plus en plus au flux de l'amour universel et du calme. Les anges descendent pour vous accompagner dans vos rêves et protéger votre sommeil.

Contentement (Thêta) : Vous ne ressentez plus que satisfaction et contentement dans votre repos, car vous savez que le Divin s'occupe de tous vos besoins. Savourez le calme et restez simplement dans cet état, sachant que vous passerez au prochain stade de sommeil lorsque vous serez prêt.

Modulation/Stabilisation (Infrabasses) : Votre esprit reçoit les bienfaits de ces ondes cérébrales, qui apaisent vos plus grandes préoccupations et harmonisent tous les plans de votre être. Vous vous reposez dans les bras du Divin qui vous berce tendrement.

Sommeil profond (Delta) : Tout va bien. Vous êtes sous la protection de votre esprit essentiel, du Divin et des anges.

QUATRIÈME ÉTAPE : **Éveil.** Au moment de vous réveiller après une sieste, ou le matin, ou même au milieu de la nuit, prenez le temps de remercier tous ceux qui ont veillé sur vous pendant votre sommeil. Si vous souhaitez retrouver le sommeil, répétez les mots-code des ondes cérébrales.

Conseil n° 8

Détente aromatique

La lavande est une huile essentielle universelle, qui peut apaiser et équilibrer tous les chakras et tous les aspects de votre être. On peut utiliser la lavande de différentes façons pour favoriser un sommeil calme.

Si la journée que vous venez de vivre a été stressante, ajoutez jusqu'à sept gouttes d'huile de lavande à votre bain et laissez vos soucis s'envoler. Vous pouvez aussi en appliquer une goutte sur votre oreiller ou votre peau avant d'aller au lit.

Vous pouvez également ajouter de trois à six gouttes dans de l'eau bouillante. Couvrez votre tête avec une serviette et inspirez cette magnifique odeur. Versez quelques gouttes dans une bouteille pulvérisatrice et vaporisez le liquide dans votre chambre, ou encore utilisez un diffuseur pour aromathérapie. Certaines personnes glissent un petit sachet de lavande séchée dans leur taie d'oreiller.

Vous pouvez également vous imaginer dans un champ de lavande et demander à la nature de vous aider à faire de beaux rêves.

Chapitre 9

PROTECTION

par les chakras

Une des questions que j'entends le plus souvent se rapporte à la protection énergétique : «Que puis-je faire pour que mes frontières d'énergie subtile me protègent ?» me demandent les gens.

Diverses raisons poussent les gens à chercher une telle protection, ce peut être parce qu'ils ressentent beaucoup trop fort les émotions des autres ou parce qu'ils attirent trop souvent des personnalités négatives. Sur cette liste, figurent aussi en bonne position la difficulté à se séparer des besoins des autres, la vulnérabilité aux entités et le fait de prendre sur soi les maladies des autres. Certains se sentent vampirisés par des gens ou vulnérables à leur négativité. Si c'est le cas, vous aimerez l'exercice qui suit, qui comprend des interactions avec les chakras, les nadis et les champs auriques.

Exercice 21
Protection par le rayon doré

C'est un exercice qu'il vaut mieux faire dans un état méditatif.

Première étape : **Préparation.** Trouvez un endroit tranquille et installez-vous confortablement. Prenez quelques respirations profondes et concentrez-vous sur votre septième chakra (couronne), qui est associé à l'unité et à l'unicité.

Deuxième étape : **Créer une intention.** Demandez au Divin d'activer votre chakra de la couronne et de vous avertir des frontières qu'il vous faut instaurer.

Il existe une multitude de besoins liés aux frontières. Il peut s'agir d'un besoin de sûreté et de sécurité, de développer des attitudes psychologiques saines, d'apprendre à attirer vers vous des situations qui élèvent votre objectif, votre essence et vos qualités supérieures, ou encore d'avoir des relations et des situations de travail positives. (Vous pouvez même attirer à vous des hasards heureux qui enrichiront votre vie !)

Prenez une minute maintenant pour formuler en une seule phrase ou intention tout ce qui figure sur votre liste. Ce pourrait être quelque chose comme : « En tant qu'enfant du Divin, je reconnais mon droit de vivre en sécurité et de m'ouvrir uniquement aux énergies et aux gens qui enrichissent mon Moi essentiel. » Déposez cette intention au centre de votre chakra de la couronne.

Troisième étape : **S'ouvrir à la lueur dorée.** En demeurant ancré dans votre septième chakra, visualisez une porte dorée juste au-dessus de lui. C'est le portail qui mène à la grâce des cieux, le pouvoir qui réalise les désirs.

Au moment où vous prenez conscience de ce portail, il s'ouvre d'un seul coup. Un flux d'énergie dorée coule par le portail et pénètre dans votre chakra de la couronne par le sommet de votre tête. Cette énergie couleur de miel active l'intention qui se trouve dans le chakra. À mesure que l'énergie dorée active l'intention, elle l'absorbe. La lumière dorée, programmée par votre intention, coule vers le sixième chakra. C'est là qu'elle pénètre dans votre sushumna nadi, le canal principal qui traverse la colonne vertébrale.

C'est par ce nadi que le rayon doré parcourt la colonne vertébrale et traverse chaque chakra, le remplissant de lumière. Ensuite, la lumière traverse vos jambes et vos pieds, et finit par vous ancrer dans la bonté sacrée de la planète.

Quatrième étape : **Dilater la lumière.** À l'intérieur de vos chakras et du sushumna nadi, la lumière dorée gonfle jusqu'à s'étendre au-delà de la limite de votre septième champ aurique. À mesure que la lumière se propage à partir de votre centre, elle entraîne les programmes et les énergies toxiques responsables de votre insécurité. Le Divin les emporte ensuite pour les transformer en une énergie utile. Les programmes négatifs sont remplacés par d'autres positifs fondés sur votre intention.

Cinquième étape : **S'ancrer dans la lumière.** Demandez au Divin de vous remplir d'une lumière dorée éternelle venant des cieux. Sachez que le Divin continue d'ajuster et d'organiser cette énergie, ainsi que votre champ aurique, afin que vos frontières énergétiques puissent s'adapter à toutes les circonstances. Vous pouvez aussi réinviter le faisceau de lumière dorée à tout moment.

Sixième étape : **Fermer.** Remerciez le Divin pour son assistance et prenez quelques respirations profondes. Reprenez lentement conscience de ce qui vous entoure. Remarquez ce qui vous semble avoir changé dans votre corps et reprenez vos activités normales quand vous vous sentez prêt.

Conseils supplémentaires

Il existe bien d'autres façons de renforcer ses frontières énergétiques qui peuvent remplacer l'exercice de protection par la lumière dorée ou s'ajouter à lui. Voici quelques idées parmi lesquelles vous pouvez choisir ce qui vous convient :

Symboles de base

Il existe trois symboles fondamentaux qui véhiculent des significations particulières et qu'on trouve dans les yantras des chakras, dont il a été question au chapitre 3. Quand vous avez besoin de renforcer vos frontières, choisissez une des trois formes proposées ici.

La manière la plus simple d'implanter une forme dans vos frontières énergétiques, c'est de l'instaurer dans votre chakra du cœur et de visualiser ensuite qu'elle se gonfle jusqu'à traverser tous les champs auriques. Vous avez terminé lorsque les limites externes de votre septième champ aurique ont pris la forme proposée. Le Divin entretiendra ce paramètre jusqu'à ce qu'il ne soit plus nécessaire.

Symboles carrés : Les carrés fournissent sécurité, stabilité et sûreté.

Symboles circulaires : Les cercles solidifient les relations et infusent uniquement des énergies d'amour dans une situation ou une frontière énergétique.

Symboles triangulaires : Les triangles invitent le changement et la transformation créative.

Imprégner de couleur

Revenez à l'analyse des couleurs présentées dans l'exercice 16 « Colorer les chakras », à la page 157. Choisissez la couleur qui représente l'énergie dont vous avez besoin pour vous nourrir et vous protéger. En gardant à l'esprit cette couleur, concentrez-vous sur le chakra du cœur et visualisez la couleur qui se répand dans celui-ci. Laissez ensuite la couleur rayonner au-delà du chakra du cœur et pénétrer dans tous les chakras et les champs auriques. Vous resterez enveloppé et entouré de cette couleur jusqu'à ce que ce ne soit plus nécessaire.

Chapitre 10

MANIFESTATION

par les chakras

Le plus grand désir de la plupart d'entre nous, c'est de pouvoir transformer ses rêves en réalité. Le processus qui permet de donner une forme physique à nos espoirs s'appelle la « manifestation ».

Les chakras sont des véhicules idéaux pour attirer des occasions qui façonneront notre avenir. Chaque chakra a sa spécialité et émet ses directives par le champ aurique qui lui est associé et qui annonce au monde comment il doit répondre. Si nos communiqués subtils crient « oui ! » à ce que nous désirons, nous avons plus de chance d'attirer à nous des situations positives. Mais si nos programmes ont des problèmes, eh bien, c'est le contraire qui se produit. Nous risquons alors d'attirer à nous des situations difficiles ou des personnes qui sont nocives pour nous.

Chakra/Champ aurique — spécialités de manifestation

CHAMP	ATTIRE
PREMIER	BESOINS MATÉRIELS (ARGENT, TRAVAIL), PARTENAIRE SEXUEL, COMPAGNIE DE VIE, BIEN-ÊTRE PHYSIQUE, BESOINS VITAUX (NOURRITURE, VÊTEMENTS, LOGEMENT)
DEUXIÈME	OCCASIONS D'EXPRIMER SAINEMENT SES ÉMOTIONS ET SES ÉLANS ARTISTIQUES
TROISIÈME	OCCASIONS DE RÉUSSITE AU TRAVAIL ET DE COMMENTAIRES POSITIFS ; ÉTABLISSEMENT D'UNE STRUCTURE DE VIE QUI PERMET L'ATTEINTE DE SES BUTS, AVEC DU TEMPS POUR L'EXERCICE, LES RELATIONS ÉQUILIBRÉES, LES TÂCHES ET DEVOIRS, L'ÉDUCATION DES ENFANTS, ETC.
QUATRIÈME	RELATIONS DE QUALITÉ AVEC DES AMIS LOYAUX ET INSPIRANTS ET DES ANIMAUX DE COMPAGNIE ; SUSCITE L'INTÉRÊT D'UN COMPAGNON DE VIE COMPATIBLE ET ATTENTIONNÉ
CINQUIÈME	POSSIBILITÉS DE S'ÉDUQUER ET D'APPRENDRE ; AINSI QUE DES OCCASIONS DE S'EXPRIMER, PAR L'ENSEIGNEMENT, L'ÉCRITURE, LE CHANT, LES DISCOURS, ETC.
SIXIÈME	INTUITION, RÉVÉLATIONS, COMPRÉHENSION MYSTIQUE ET VISIONS QUI SERVENT DE BASE À LA FORMULATION DE STRATÉGIES DE VIE
SEPTIÈME	OCCASIONS D'EXPRIMER SON BUT SPIRITUEL ET D'ÊTRE EN CONTACT AVEC LE DIVIN ET D'AUTRES ASSISTANTS DE L'AU-DELÀ

Dans ce chapitre, vous allez découvrir comment créer la manifestation par un chakra, selon ses capacités particulières. Pour vous faciliter la tâche, référez-vous au tableau de la page précédente qui expose les capacités de manifestation des différents chakras. À la fin de l'exercice qui suit, vous trouverez un conseil pour optimiser votre manifestation à l'aide des pierres.

Exercice 22
La manifestation grâce aux spécialités des chakras

La manifestation par les chakras est plus puissante lorsque vous utilisez les chakras avant et arrière. Vous pouvez ainsi charger votre manifestation de qualités divines qui peuvent dénouer les blocages inconscients. Vous verrez comment procéder dans l'exercice qui suit. Vous apprendrez aussi à accéder à la roue intérieure d'un chakra, vous permettant de purifier la roue extérieure et, par conséquent, de libérer toute la puissance d'un incroyable vortex de lumière, de son et de conscience.

Première étape : **Choisir un chakra.** Prenez un désir, n'importe lequel. Référez-vous ensuite aux renseignements sur les différents chakras présentés au chapitre 3 ainsi qu'au tableau de la page précédente pour choisir un chakra, et son champ aurique associé, en accord avec votre désir.

Deuxième étape : **Formuler et ressentir votre désir.** Trouvez un lieu tranquille et respirez profondément. Calmez votre esprit et laissez-vous plonger dans votre chakra. Centrez-vous dans la chambre la plus profonde de votre chakra qui en constitue la roue intérieure. Imaginez maintenant que votre désir s'est réalisé. Visualisez-vous en train de profiter de cette manifestation. Ressentez les diverses émotions et sensations physiques que vous procure cette issue heureuse. Maintenant, aspergez votre imagination de foi et permettez-vous de croire réellement que votre vœu se réalisera, qu'il s'est réalisé déjà. Lorsque vous

vous sentez parfaitement sûr de la validité de votre désir, formulez-le sous forme d'intention. Une fois l'exercice terminé, vous pouvez garder cette formulation comme outil pour vous rappeler votre désir.

Troisième étape : **Propager l'intention.** En restant centré dans votre chakra, demandez au Divin d'envoyer les énergies nécessaires pour manifester votre aspiration au travers du chakra. Les forces de soutien vont maintenant suivre ce cours :

- entrer par l'arrière du chakra ;
- remuer les énergies au milieu (où vous êtes centré sur votre intention) ;
- se diffuser par la roue extérieure ;
- se répandre dans le champ aurique associé.

À ce moment, tout votre champ énergétique devient chargé de votre intention. Les différentes parties de vous peuvent maintenant œuvrer ensemble afin de donner forme à votre intention. (Voir le conseil n° 9 pour savoir comment utiliser des pierres pour magnifier votre intention.)

Quatrième étape : **Fermer.** Quand vous vous sentez prêt, respirez profondément quelques fois et reprenez doucement vos activités. Sachez que le chakra et le champ aurique sur lesquels vous avez travaillé, et tous les autres, continueront à résonner de votre vœu, attirant à vous les situations qui vont accélérer la réalisation de votre désir.

Conseil n° 9

Magnifier la manifestation par les pierres

Retournez à la page 166 pour vous rappeler les liens entre les pierres et les différents chakras. Choisissez une des pierres associées au chakra avec lequel vous souhaitez travailler et, à la fin de la troisième étape de l'exercice 22, transférez une partie de l'énergie qui circule dans votre champ aurique dans la pierre. Vous pouvez ensuite garder la pierre sur vous pour vous rappeler votre désir.

S'il vous arrive de vous demander si une action vous rapprochera ou vous éloignera de votre désir, utiliser la pierre comme ancrage. Prenez un instant pour entrer dans un état méditatif. Concentrez-vous sur la pierre, respirez profondément et demandez au Divin si une action peut aider la réalisation de votre désir. Si la réponse est affirmative, vous vous sentirez plus léger et libre dans votre corps. La pierre pourrait aussi bourdonner ou devenir chaude. Si la réponse est négative, votre énergie deviendra plus lourde et votre esprit plus éteint. La pierre pourrait devenir froide ou sembler sans vie.

Chapitre 11

RECEVOIR UNE GUIDANCE SPIRITUELLE

à l'aide des chakras

Nous sommes nombreux à avoir le sentiment de traverser la vie les yeux bandés, les oreilles couvertes et le corps alourdi comme si nous marchions dans l'eau. La vie est déconcertante. Impossible de deviner l'avenir, et encore moins de comprendre le passé. L'antidote aux incertitudes de l'existence est l'ouverture à la guidance spirituelle. Nos chakras sont les portails idéaux pour nous permettre de recevoir, et même d'offrir une guidance spirituelle.

L'intuition est le canal principal par lequel nous pouvons bénéficier d'une guidance spirituelle. Celle-ci peut se traduire par une ouverture aux créatures célestes, mais ce n'est pas toujours le cas. Elle peut aussi offrir un accès à des êtres et des objets concrets, l'éventail étant large puisqu'il va des animaux aux panneaux d'affichage.

Pour dire les choses simplement, les messagers spirituels et leurs messages soutiennent l'incarnation de notre esprit ou de notre essence. Ces messages peuvent se présenter sous forme d'énergies de guérison, de révélations, d'avertissements, d'affirmations, de réconfort, de compassion, de confirmations, d'intuitions ou de conseils.

Chacun des quatre styles intuitifs de base (physique, spirituel, verbal et visuel) reçoit les messages spirituels d'une façon particulière. Les exercices de ce chapitre vous aideront à faire appel à ces styles pour obtenir des directives du Divin ou d'un messager envoyé par lui. Pour donner plus de force aux styles concernés, on vous indiquera aussi sur quels chakras vous concentrer.

En rappel, les différents styles intuitifs sont les suivants :

Intuition physique : Reconnaissance des énergies des autres dans votre corps par des sensations physiques, émotives ou mentales.

Intuition spirituelle : Conscience de vérités supérieures par une « connaissance » inexplicable.

Intuition verbale : Réceptivité à la connaissance sous forme de sons, mots, tonalités ou écriture.

Intuition visuelle : Reconnaissance de révélations sous forme d'images.

Intuition mystique : Combinaison des styles physique, spirituel, verbal et visuel.

Le conseil n° 10 introduit le style mystique pour que vous puissiez, éventuellement, devenir une source de protection et d'inspiration pour les autres.

Ces exercices révèlent l'objectif suprême des chakras. Ce sont des canaux de dévotion par lesquels le Divin répand l'amour.

EXERCICE 23
Intuition physique — S'ouvrir aux présages

En tant qu'intuitif physique, votre meilleure source de guidance spirituelle est l'environnement physique. Vous sentez, ressentez et comprenez des vérités par le corps, principalement en recevant des messages par vos premier, second et troisième chakra. Les présages constituent votre meilleure guidance.

Les présages sont des signes envoyés par notre environnement. Il peut s'agir de prémonitions d'événements positifs ou négatifs, d'intuitions au moment de prendre une décision, de signes de chance ou de simples messages. Les sources de présages sont infinies et peuvent se traduire par l'apparition d'êtres naturels (ou une interaction avec eux), mais aussi par tout ce qui est tangible ou subtil et est issu du monde physique.

Vous souhaitez ouvrir votre intuition aux signes qui ont une base physique ? Voici quelques étapes simples.

PREMIÈRE ÉTAPE : **Établir son intention.** Choisissez une question pour laquelle vous avez besoin d'une intervention divine. Prenez un moment pour respirer profondément et vous assurer de bien remplir d'air la partie inférieure de votre corps : premier, deuxième et troisième chakra. Concentrez-vous sur l'intention et respirez naturellement.

Deuxième étape : **Déterminer une échéance.** Donnez quelques jours au Divin (de trois jours à une semaine) pour vous envoyer un signe que vous pourrez facilement reconnaître. Vous pouvez simplement dire ce délai à haute voix ou bien l'écrire.

Troisième étape : **Conscience.** Soyez attentif aux signes qui pourraient venir de votre environnement. Si vous remarquez plusieurs présages, prenez le temps de les noter.

Quatrième étape : **Analyse.** À l'issue du délai défini, prenez quelques minutes pour réfléchir au(x) signe(s). Demandez au Divin de vous aider à en élucider le sens. Si vous recevez un message sous forme d'oiseau, de reptile ou de quelque chose d'apparence animale, vous pouvez taper dans Google des phrases comme *signification spirituelle de (insérer le signe), des animaux de pouvoir* ou *des totems.* Remerciez le Divin pour le présage.

Exercice 24
Intuition spirituelle – Trouver la fréquence de l'amour

Les intuitifs spirituels sont sensibles au sentiment d'amour. Ils ressentent facilement la présence de l'amour – ou du manque d'amour – par rapport à eux-mêmes, aux autres et au Divin, principalement à l'aide des quatrième et septième chakras. L'exercice suivant vous permettra de faire appel à votre capacité à trouver la fréquence de l'amour.

Première étape : **Définir son intention.** Y a-t-il un sujet que vous aimeriez aborder ? Prenez un moment pour vous concentrer sur votre propre désir, dans un espace serein.

Deuxième étape : **Trouver la fréquence de l'amour.** Autorité incontestable en matière d'amour, le Divin parle la langue de l'amour. Cela signifie que vous devez devenir amour, ou être empli d'amour, pour être en mesure de recevoir l'inspiration du Divin concernant votre désir. Gardant cela à l'esprit, demandez au Divin de vous accorder sur la fréquence de l'amour. Sentez un courant d'amour inconditionnel rayonner à partir des cieux, pénétrer votre corps par votre chakra coronal et traverser chaque fibre de votre être. Recentrez-vous dans votre cœur tandis que vous vous acclimatez à la pureté de cette grâce.

Troisième étape : **Comparer ses options.** Concentrez-vous sur votre intention et sentez les diverses manières dont vous pourriez percevoir votre désir ou les choix en lien avec lui. La meilleure option, perception, voie ou compréhension aura pour effet d'accroître la vibrante sensation d'amour présente en vous. Les perceptions les plus éloignées de l'amour auront un effet de neutralité ou diminueront votre sentiment d'être aimé.

Quatrième étape : **Être reconnaissant.** La gratitude est une part importante du langage de l'amour. Remerciez le Divin de tout votre cœur pour ce qu'il vous a appris. Prenez quelques profondes respirations et reprenez le cours normal de vos activités quotidiennes lorsque vous vous sentez prêt.

Exercice 25
Intuition verbale – Révélations écrites

L'un des moyens les plus utiles d'invoquer une guidance verbale est d'avoir recours à l'écriture automatique. Toutes les révélations verbales font entrer en jeu le cinquième chakra. Ce processus particulier nécessite que l'on entre dans un état méditatif afin que le Divin puisse composer un message écrit pour et à travers soi. Les étapes suivantes vous aideront tout au long de ce processus.

Première étape : **Préparation.** Prenez un papier et un crayon et installez-vous dans un endroit calme. Respirez par votre cinquième chakra, puis écrivez une question.

Deuxième étape : **Se remplir.** Prenez un moment pour demander au Divin de communiquer avec vous par votre aptitude verbale. Quand vous avez fait le calme en vous, demandez au Divin d'écrire une réponse à votre question. Laissez le Divin guider votre main et écrire. Vous sentirez le Divin écrire à travers vous.

Troisième étape : **Discuter.** Quand vous pensez en avoir terminé avec la première réponse, écrivez une remarque pour y faire suite ou une question, si vous en avez une. Répétez l'étape deux. Continuez de formuler des demandes d'éclaircissement jusqu'à ce que vous pensiez avoir terminé.

QUATRIÈME ÉTAPE : **Fermer.** Une fois que vous avez terminé, prenez un moment pour reprendre vos esprits et lire les éclaircissements écrits, tirer les conclusions qui s'imposent et envisager une action en conséquence.

EXERCICE 26
Intuition visuelle — Les visions

Les intuitifs visuels obtiennent des révélations visuellement par le sixième chakra. Dans cet exercice, vous serez mis en contact avec des images, mais vous apprendrez aussi à faire la distinction entre fantasme et révélation. Cette distinction est essentielle. La question qu'on me pose le plus couramment à propos de la clairvoyance, ou de la « vision claire », c'est comment on peut faire la différence entre une révélation et le fruit de l'imagination.

PREMIÈRE ÉTAPE : **Se préparer.** Trouvez un endroit tranquille où vous pourrez vous asseoir et vous détendre. Fermez les yeux, entrez dans un état méditatif, concentrez-vous sur votre sixième chakra et demandez au Divin d'activer votre intuition visuelle tout en installant mentalement un écran dans votre esprit. Percevez l'écran comme blanc ou ivoire. Toutes les réponses visuelles seront projetées sur cet écran.

DEUXIÈME ÉTAPE : **Établir son intention.** À propos de quelle situation souhaitez-vous des éclaircissements ?

Prenez un moment pour vous concentrer sur votre souhait et formulez-le sous forme de question.

TROISIÈME ÉTAPE : **Invoquer l'artiste maître.** Concentrez-vous sur votre intention et demandez au Divin – l'artiste maître – de dessiner une réponse sur un écran. Continuez de demander des images jusqu'à ce que vous ayez un tableau complet de la réponse divine.

QUATRIÈME ÉTAPE : **Vérifier les images.** À tout moment, vous pouvez vérifier les images pour vous assurer que les révélations reçues ne sont pas colorées par vos désirs personnels. Concentrez-vous sur l'image douteuse et tentez d'en changer certains éléments. Si l'image est malléable, il est possible qu'elle soit issue de votre imagination. Si vous ne pouvez la modifier, l'image constitue une révélation. Si vous soupçonnez que l'image a été manipulée, effacez-la de l'écran, recentrez-vous et demandez au Divin de vous offrir une véritable révélation.

CINQUIÈME ÉTAPE : **Fermer.** Une fois que vous avez terminé, demandez au Divin de nettoyer votre écran et de vous préparer à revenir dans votre vie quotidienne. Ouvrez les yeux lorsque vous vous sentez prêt.

EXERCICE 27
Intuition mystique – Invoquer les anges

Les intuitifs mystiques sont des shamans complets qui peuvent accéder à tous les chakras, dimensions et plans de l'existence que ce soit physiquement, spirituellement, verbalement ou visuellement. Ils peuvent se connecter à des êtres et des esprits terrestres et à ceux de l'au-delà.

Cet exercice est conçu pour vous aider à vous associer à un ange bienfaisant qui vous aura été assigné par le Divin. Je l'ai créé de manière à ce que vous n'ayez pas besoin de vous concentrer sur une question ou une intention en particulier. Vous allez simplement recevoir un message dont le Divin sait que vous avez besoin.

PREMIÈRE ÉTAPE : **Préparation.** Trouvez un endroit tranquille et entrez dans un état méditatif. Concentrez-vous sur votre chakra du cœur.

DEUXIÈME ÉTAPE : **Établir un lien.** Mettez-vous en diapason avec le Divin et demandez-lui de vous remplir de son amour. Puis, demandez au Divin de vous envoyer un ange qui transporte un message qui n'est destiné qu'à vous. (Voir le conseil n° 10 si vous souhaitez faire l'exercice pour une autre personne.)

TROISIÈME ÉTAPE : **Recevoir.** Ouvrez-vous au message sur tous les plans intuitifs. Entendez les mots prononcés, psalmodiés ou chantés dans votre esprit. Voyez les images présentées sur l'écran de votre esprit. Acceptez l'amour et les bienfaits qui vous arrivent du Divin par son messager. Ressentez les sensations physiques, les émotions et les renseignements qui vous parviennent. Restez réceptif jusqu'à ce que la communication vous semble complète.

QUATRIÈME ÉTAPE : **Fermer.** À un certain moment, le messager va retourner dans les cieux. Prenez quelques instants pour vous prélasser dans les dernières lueurs divines, puis envoyez de la gratitude aux anges et au Divin. Quand vous vous en sentez prêt, reprenez votre vie normale.

Conseil n° 10

Obtenir un message mystique pour quelqu'un d'autre

Chacun de vos pouvoirs intuitifs peut vous aider à recevoir un message pour vous ainsi que pour quelqu'un d'autre. Revenez à la deuxième étape de l'exercice 27 et au lieu de faire une demande en votre nom, faites-la au nom d'une autre personne. Mais avant, il vous faudra demander à la personne sa permission, puis vous pourrez passer aux deux prochaines étapes. Partagez le message reçu avec la personne concernée.

CONCLUSION

Combien de fois nous arrive-t-il de remarquer les volutes de fumée, les tournoiements de l'eau dans un ruisseau, ou les tourbillons de poussière ? Après la lecture de ce livre, vous allez fort probablement vous attarder beaucoup plus souvent à ces vortex naturels.

Plus important encore, vous allez désormais être conscients des tourbillons de lumière, de son et de conscience qui émanent de vous et qui vous entourent. Vous savez maintenant que ces tourbillons subtils, les chakras, régissent les questions physiques, psychologiques et spirituelles. Ils interagissent avec les forces terrestres et célestes. Ils sont en rapport avec les autres systèmes subtils, comme les canaux et les champs, et ils peuvent vous soutenir pour les détails de la vie quotidienne.

Ces corps tournoyants, malgré leur invisibilité, peuvent vous servir à réaliser des guérisons et des manifestations. Vous pouvez grâce à eux apporter du soulagement, établir de meilleures frontières, et vous ouvrir à la guidance spirituelle. Au bout du compte, l'important c'est que l'esprit en vous pourra prendre sa place, et que vous pourrez vivre dans la grâce et la joie. Vous deviendrez une source d'inspiration pour les autres.

Je vous souhaite d'être éternellement inspiré afin d'orienter votre vie vers les cieux tout en gardant les deux pieds sur la terre ferme.

BIBLIOGRAPHIE

AVALON, Arthur. *La puissance du serpent,* Paris, Dervy, 2002.

Brainworks. *What Are Brainwaves ?* [http://www.brainworks neurotherapy.com/what-are-brainwaves].

CROWE, Barbara J. *Music and Soulmaking.* Lanham, The Scarecrow Press, 2004.

DALE, Cyndi. *La bible de la guérison par les chakras,* Varennes, Éditions ADA, 2016.

________. *The Subtle Body: An Encyclopedia of Your Energetic Anatomy.* Boulder, Sounds True, 2009.

Encyclopaedia Britannica Online, *Vedic Religion.* [http://www.britannica.com/eBchecked/topic/624479/Vedic-religion].

HAMILTON-PARKER, Craig. *The Aura : What It Is and the Meanings of Its Colors.* [http://psychics.co.uk/blog/colour-meanings].

HUNT, Valerie V., et al. *A Study of Structural Integration from Neuromuscular,*

Energy Field, and Emotional Approaches". [http://rolfing-ca.com/PDF/ucla.pdf].

Innovation Technologies and Energy Medicine. « Understanding Auras and Bioenergies ». *RFI Technical Manual*, 2002. [http://www.item-bioenergy.com/infocenter/UnderstandingAuras.pdf].

MASTIN, Luke. *Types and Stages of Sleep: Non-Rem Sleep*. [http://www.howsleepworks.com/types_nonrem.html].

Mental Health Daily. *5 Types of Brain Waves Frequencies: Gamma, Beta,Alpha, Theta, Delta*. [http://mentalhealthdaily.com/2014/04/15/5-types-of-brain-waves-frequencies-gamma-beta-alpha-theta-delta].

PERT, Candace. *Molecules of Emotion*, New York, Touchstone,1997.

TABER, Jerriann J., PhD. *The Rapid Healing Technique*, Bloomington, Trafford, 2004.

WALIA, Arjun. *Nothing Is solid and Everything Is Energy – Scientists Explain the World Quantum Physics*. [www.collective-evolution.com/2014/09/27/this-is-the-world-of-quantum-physics-nothing-is-solid-and-everything-is-energy].

WEINHOLD, Bob. *Epigenetics: The Science of Change, Environmental Health*

Perspectives, Environmental Health Perspectives, vol. 114, nº 3 (Mars 2006) : A160–A167. [http://www.ncbi.nlm.nih.gov/pmc/articles/PMC1392256].

À PROPOS DE L'AUTEURE

Cyndi Dale est une auteure, conférencière, thérapeute et consultante en affaires de renommée mondiale. Elle est la présidente de Life Systems Services, entreprise avec laquelle elle a fait plus de 35 000 séances avec des clients et présenté des formations en Europe, en Asie et dans les Amériques. Découvrez son site à l'adresse CyndiDale.com.

ÉDITIONS

www.ada-inc.com
info@ada-inc.com

www.facebook.com/EditionsAdA

www.twitter.com/EditionsAdA